Expreso gratitud a Dios por todas las bendiciones, Mi familia es la esencia de mi existencia.
Los quiero mucho.

Talita Caires
2024

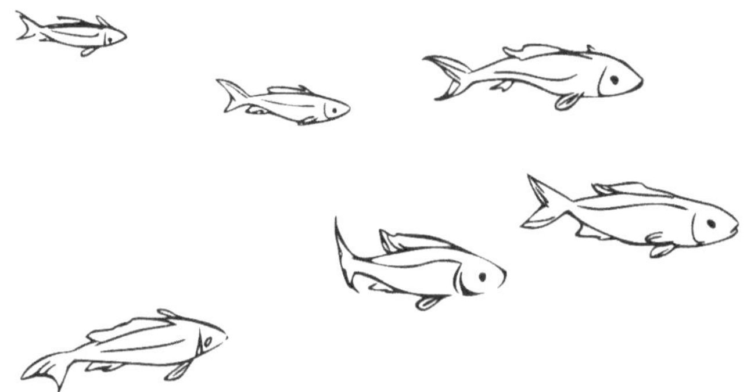

Este libro pertenece a:

○──○

Talita Caires

Talita Caires

Página de color de prueba

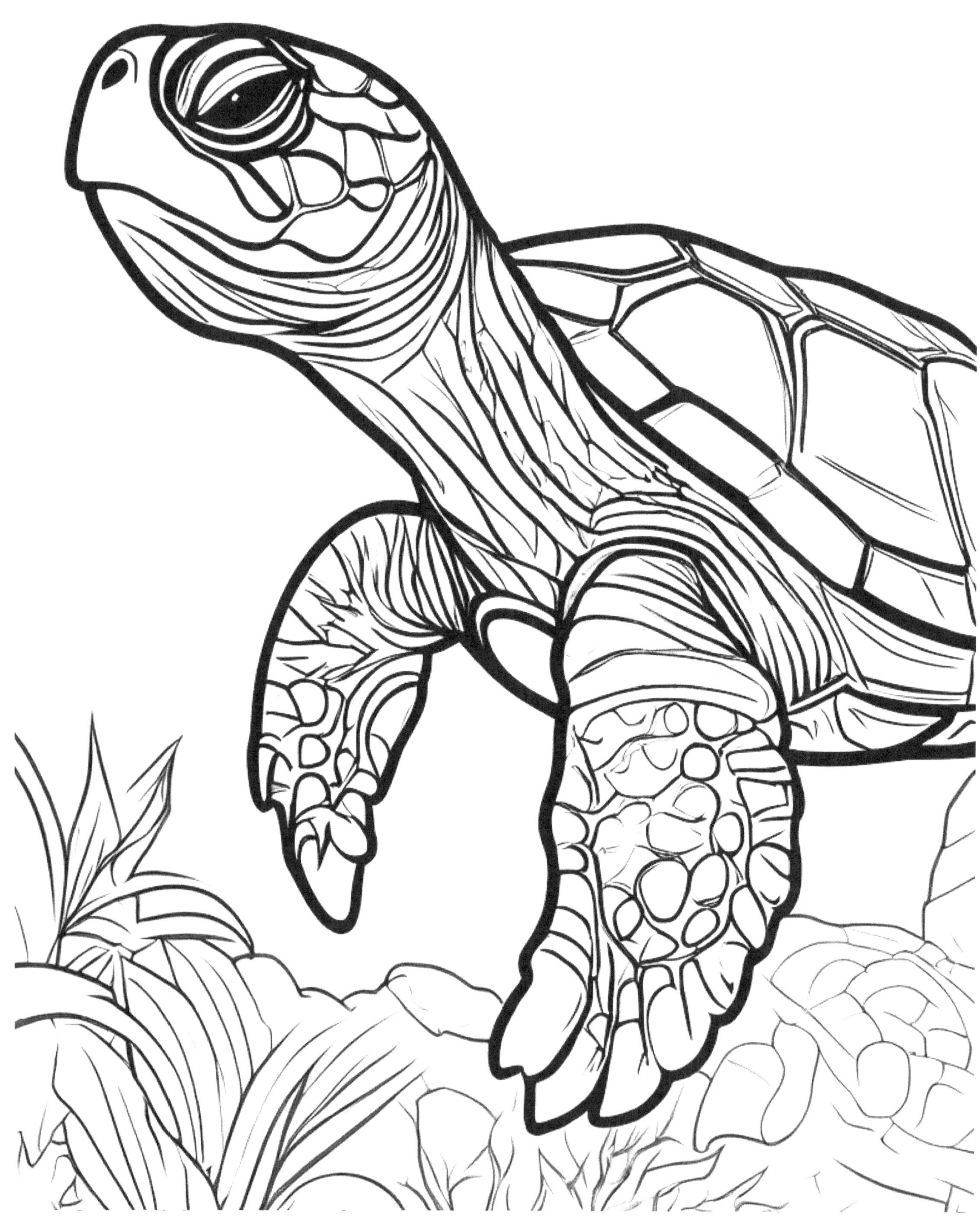

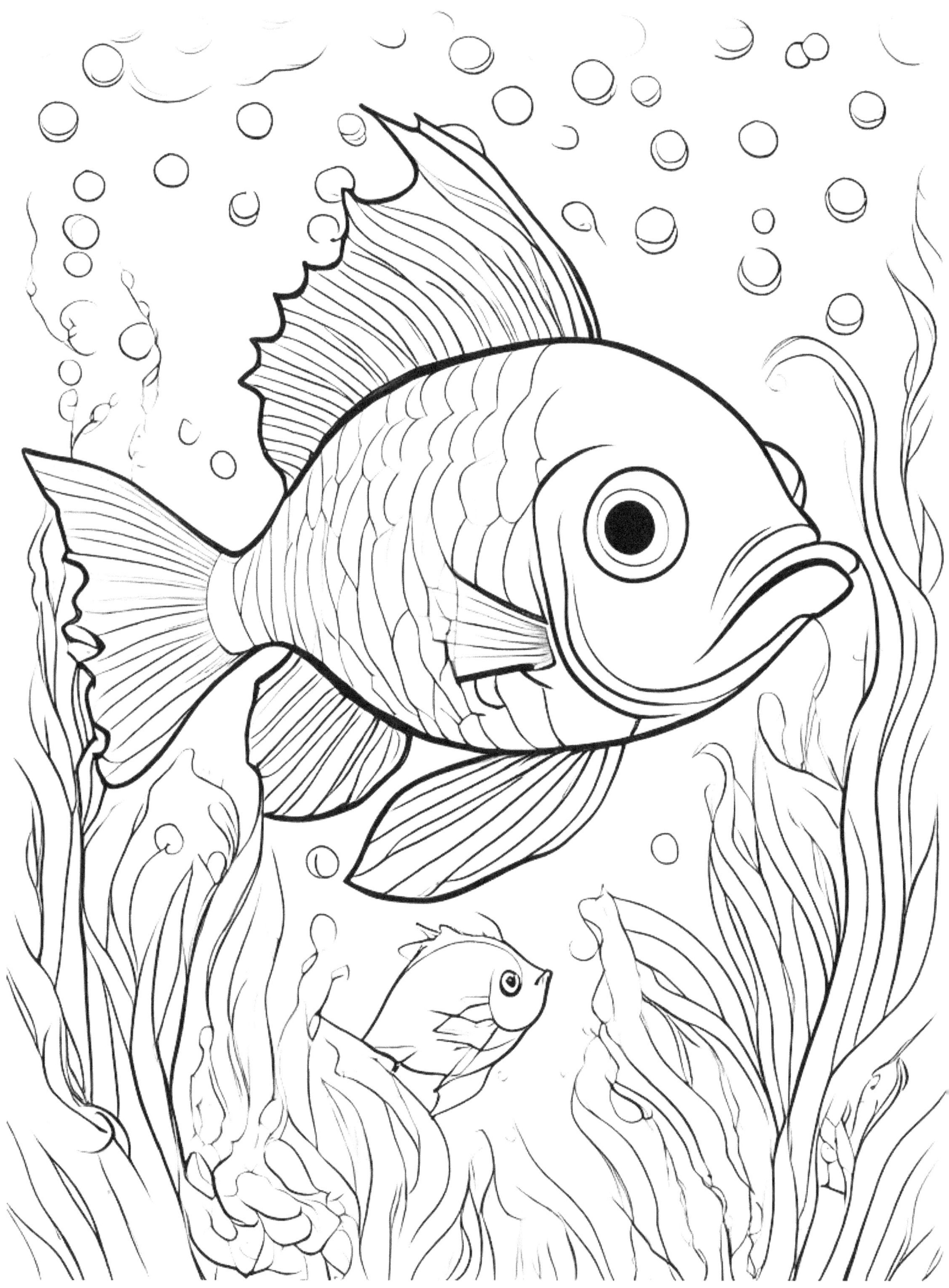

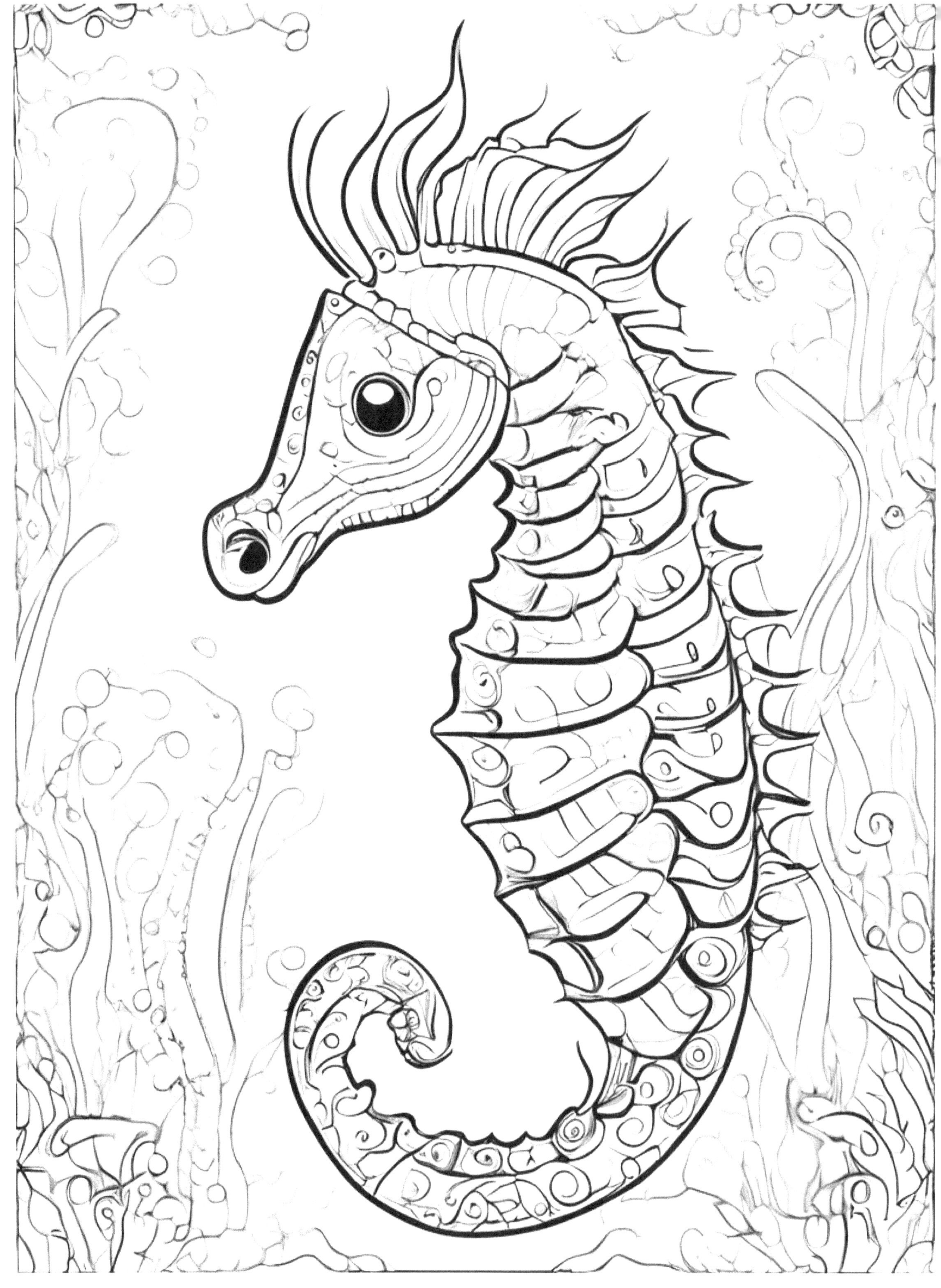

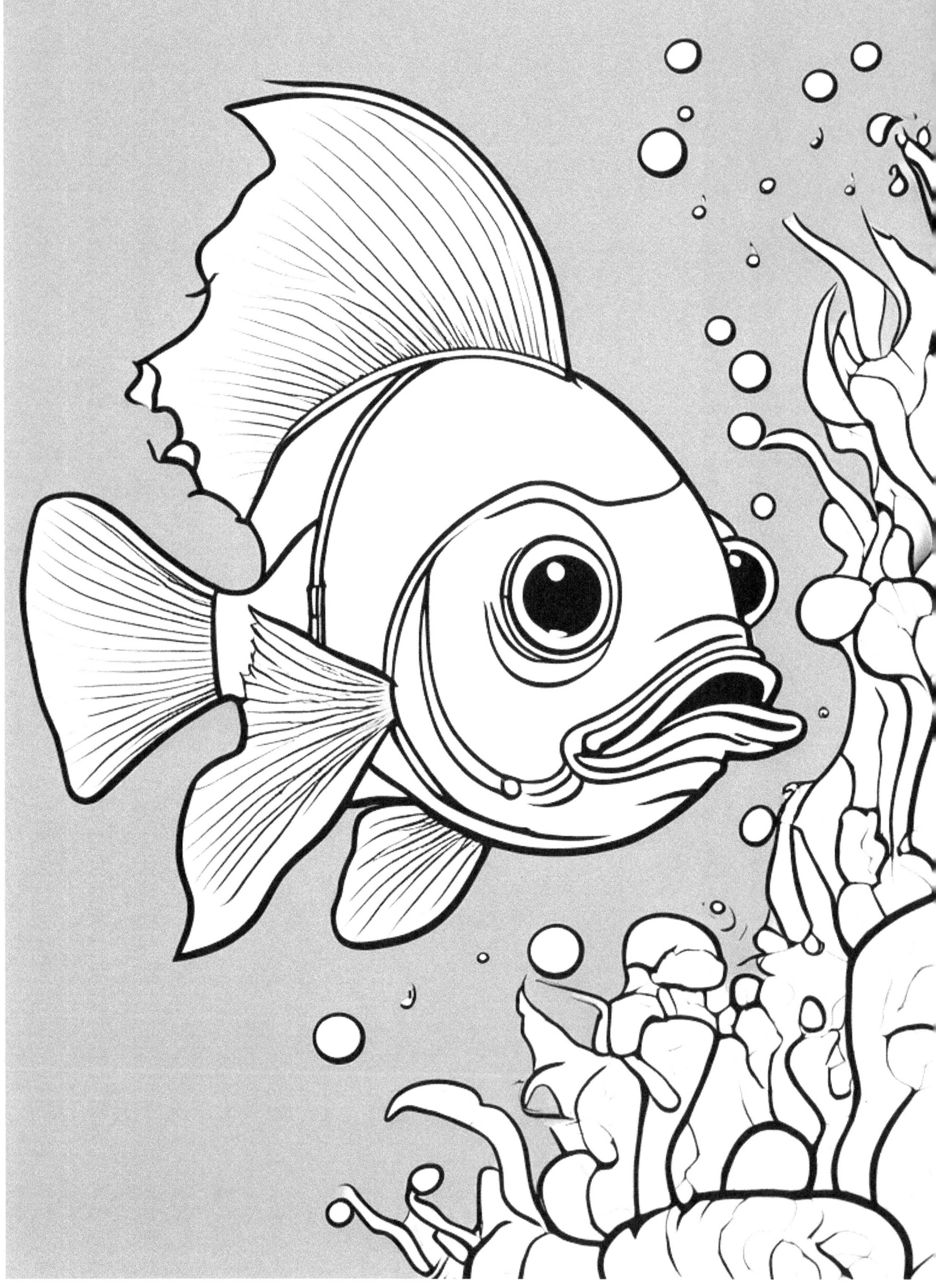

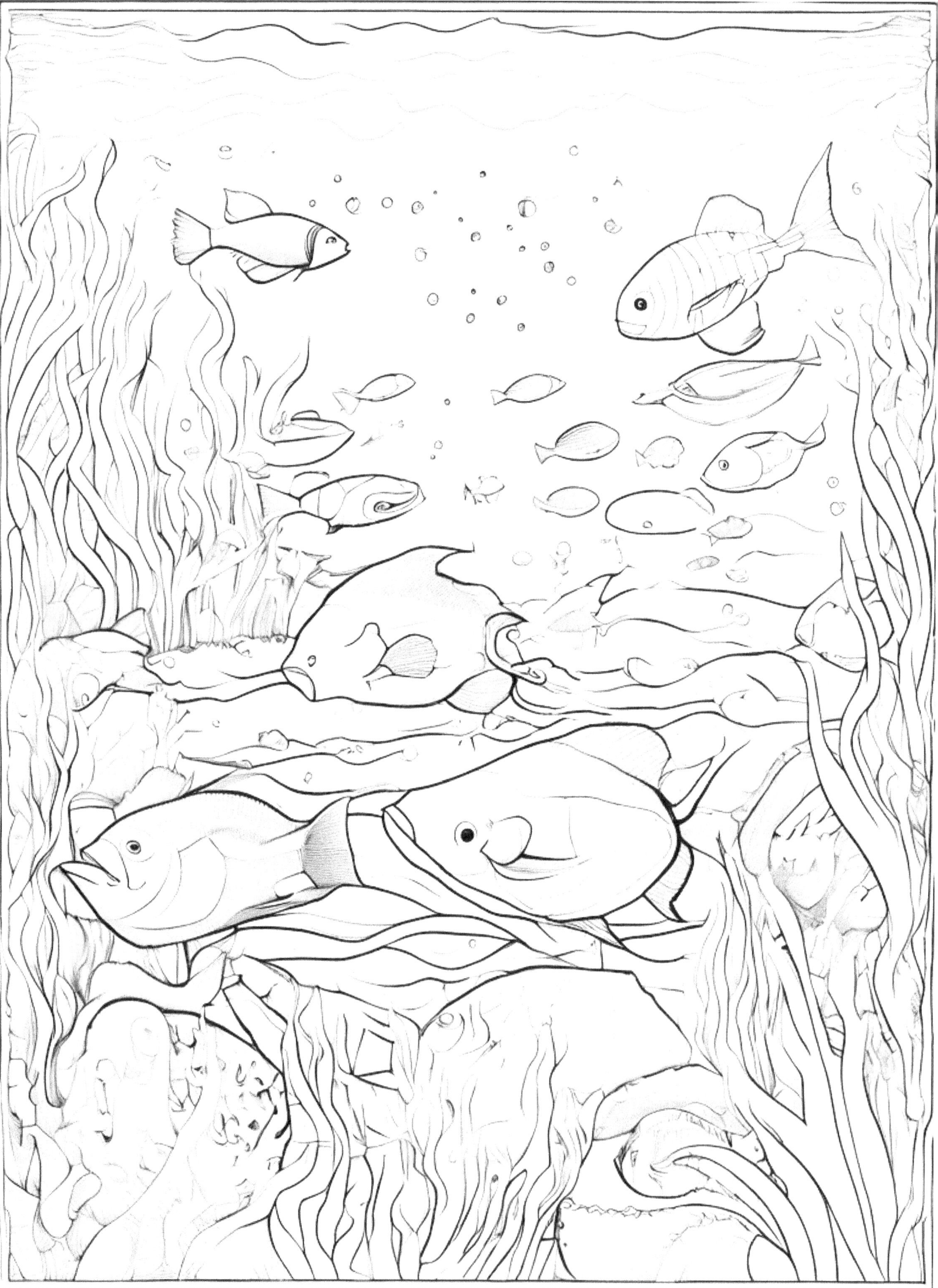

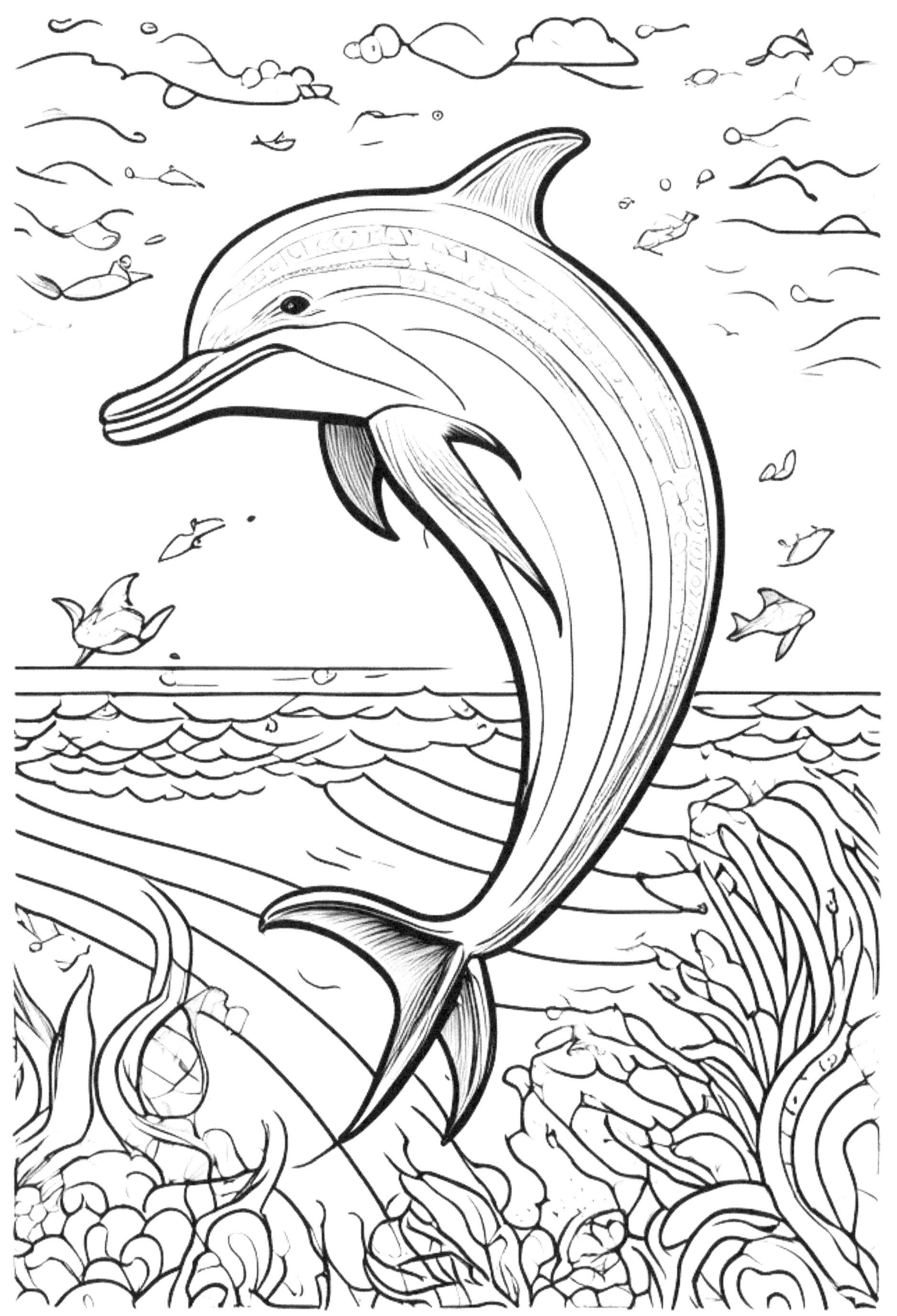

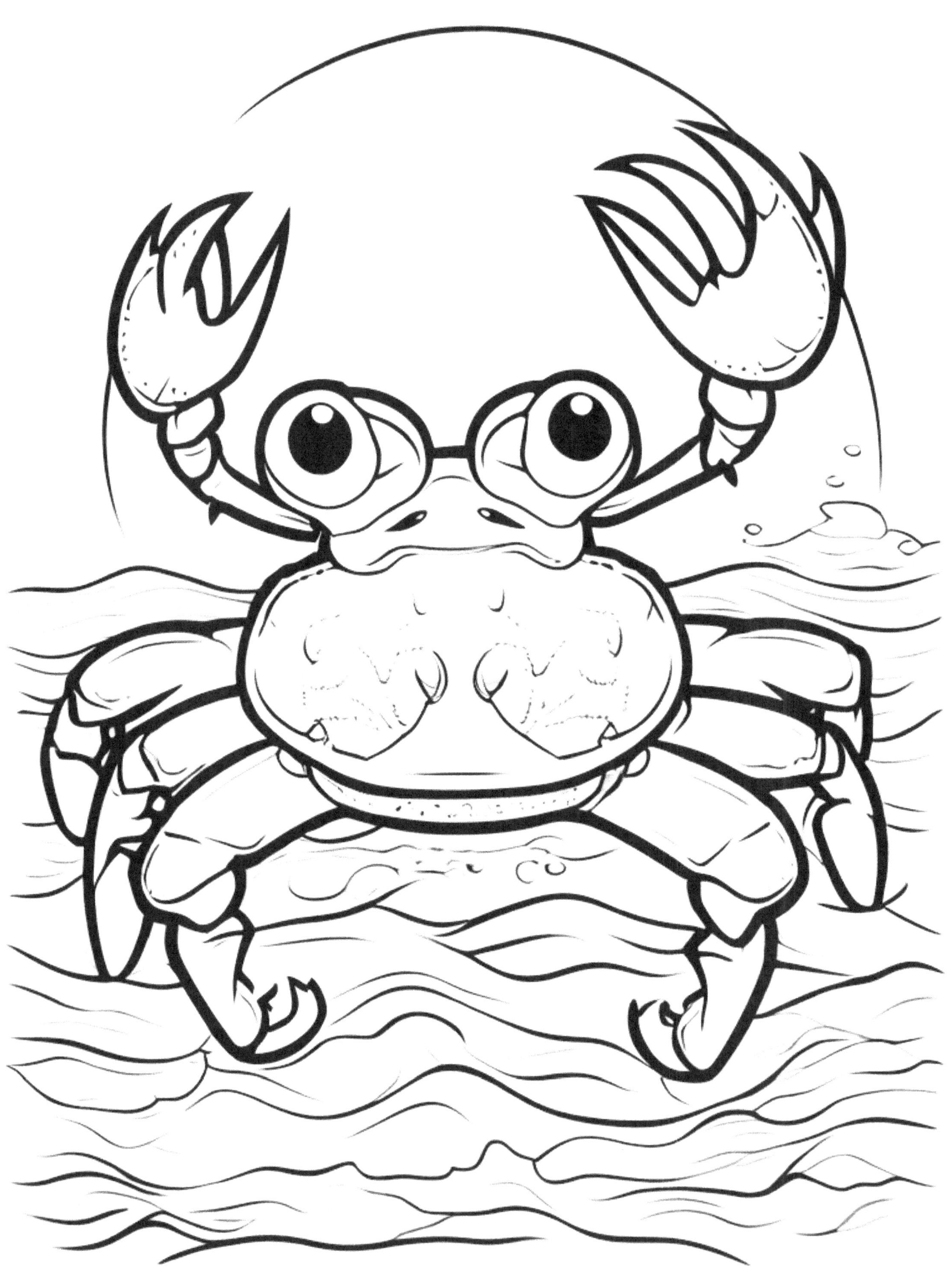

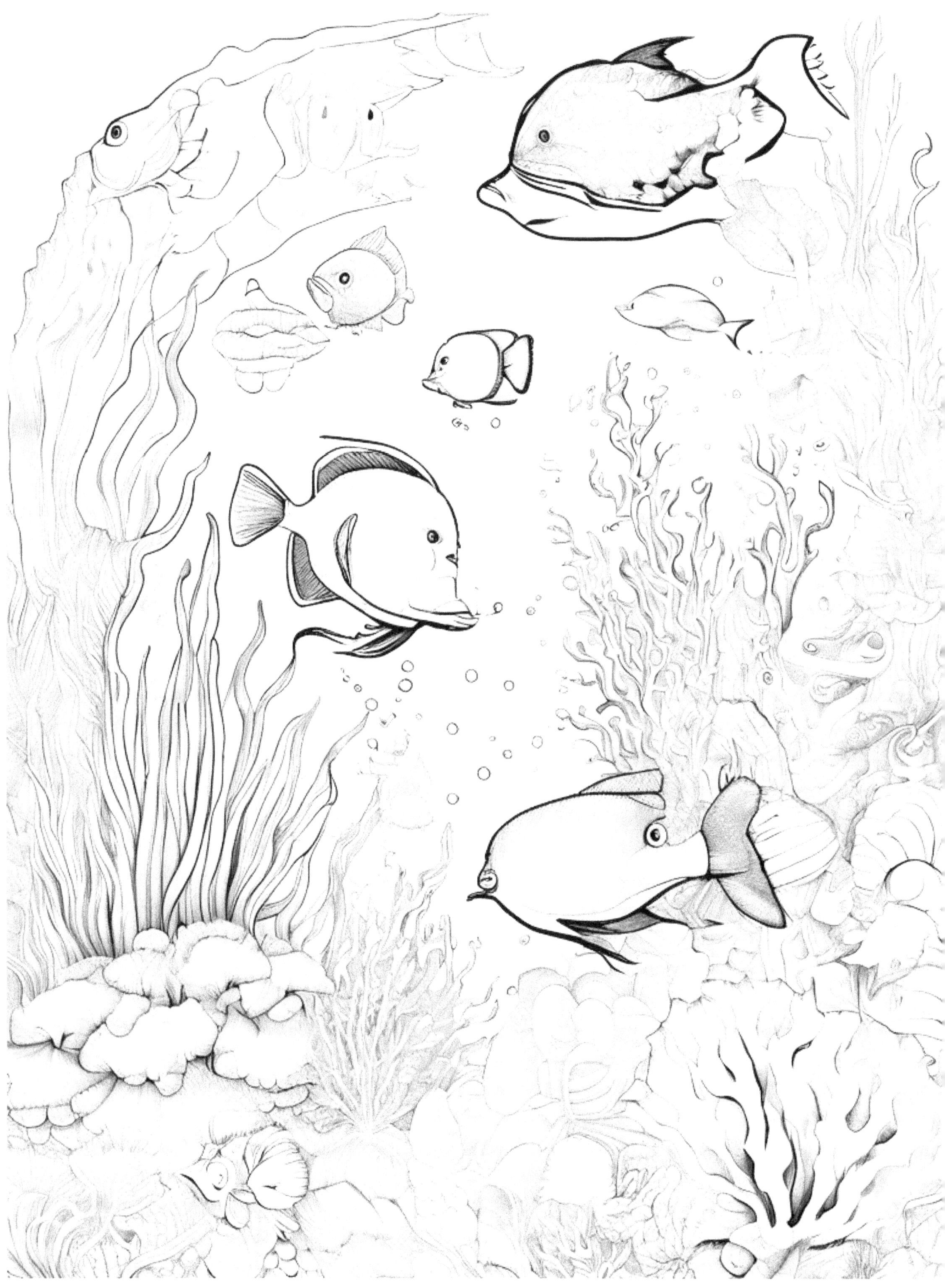

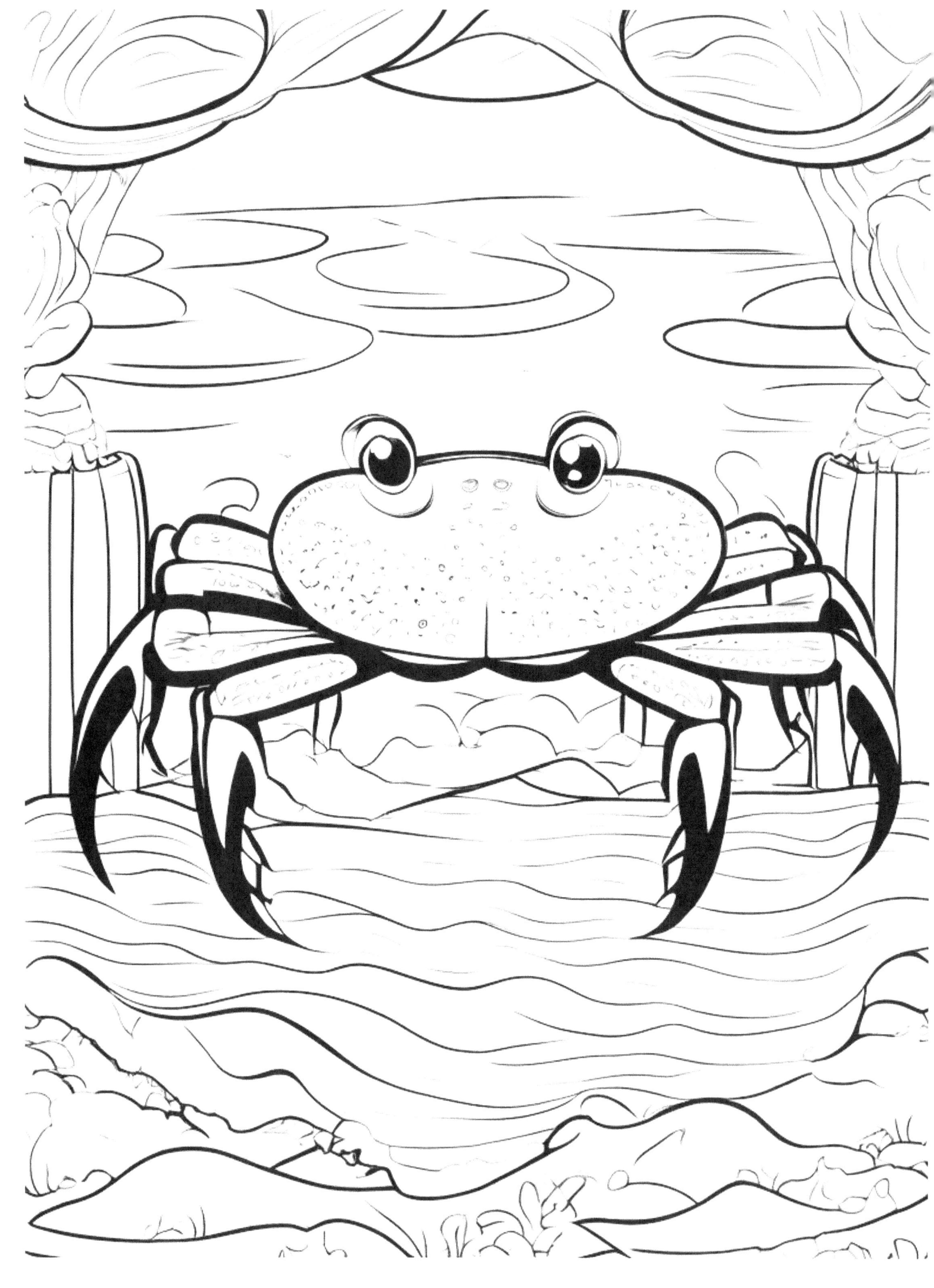

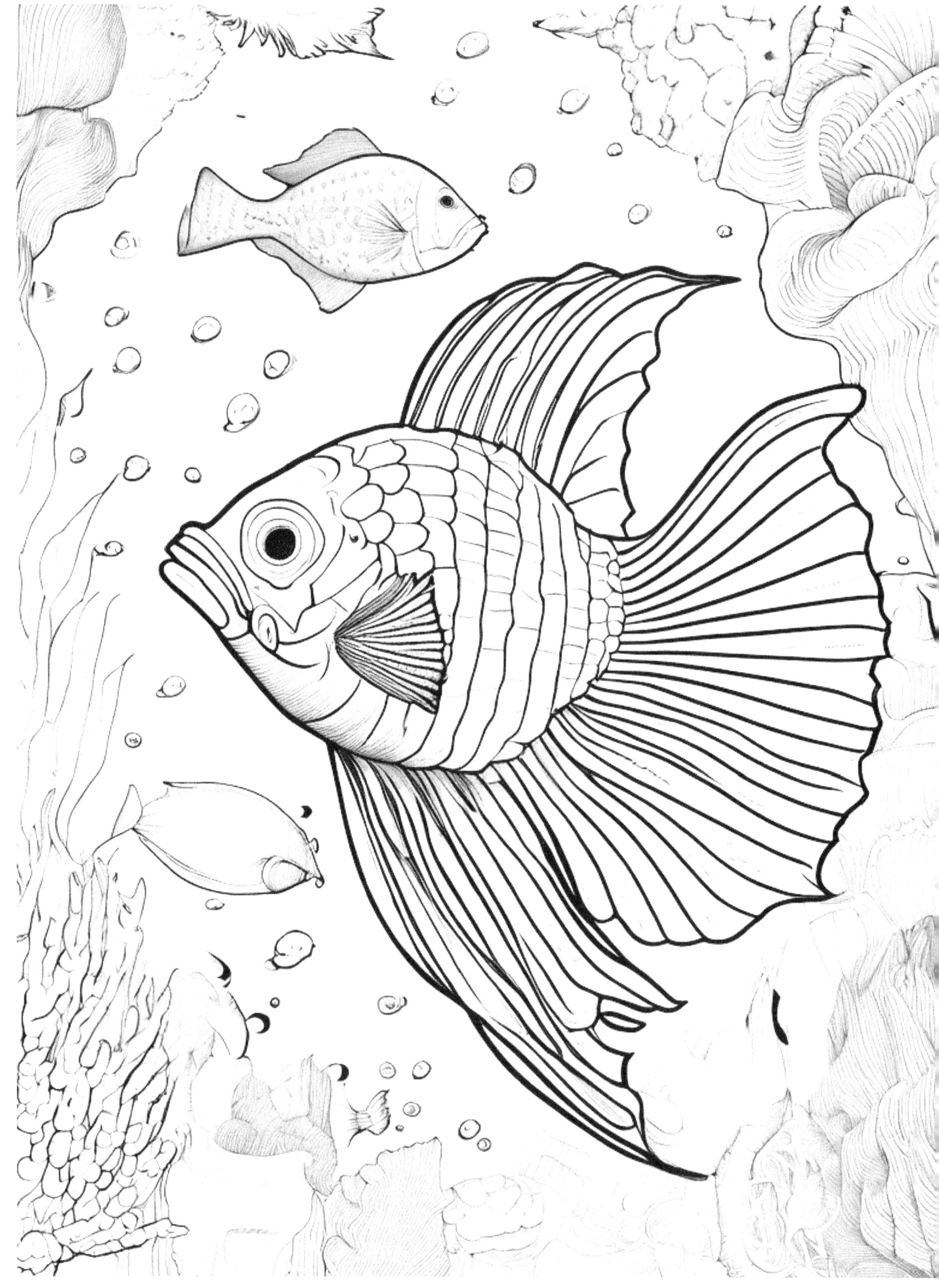

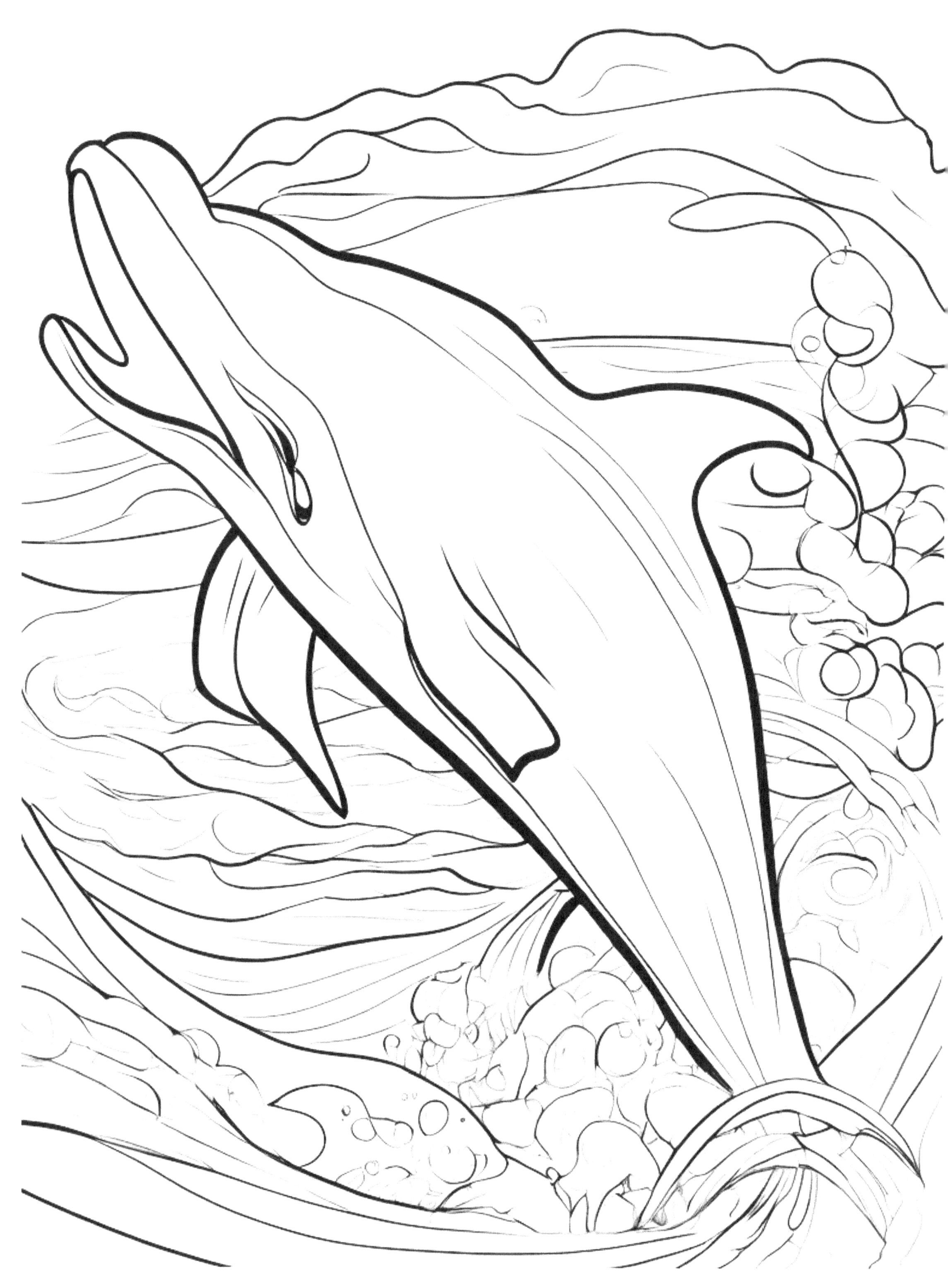

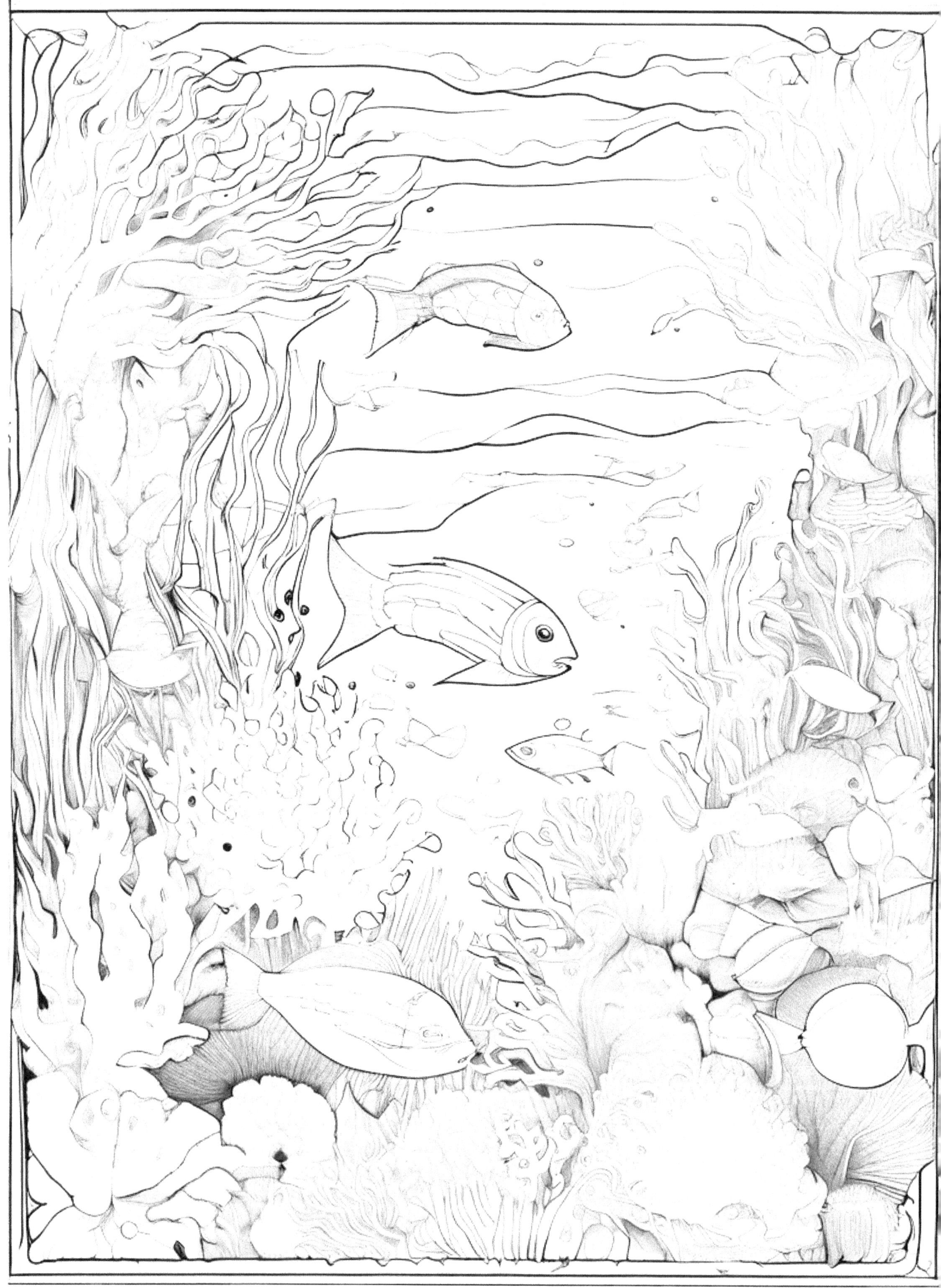

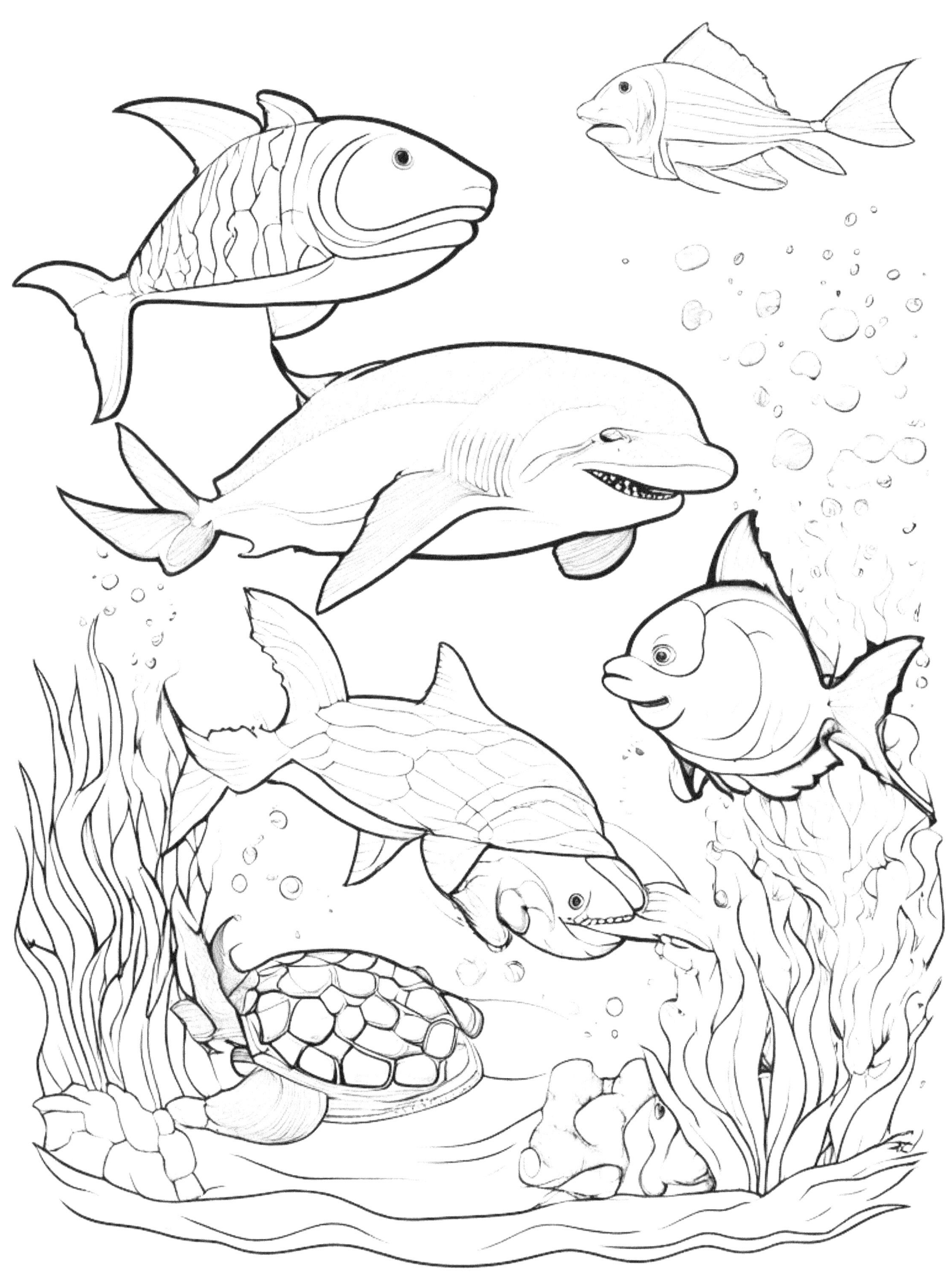

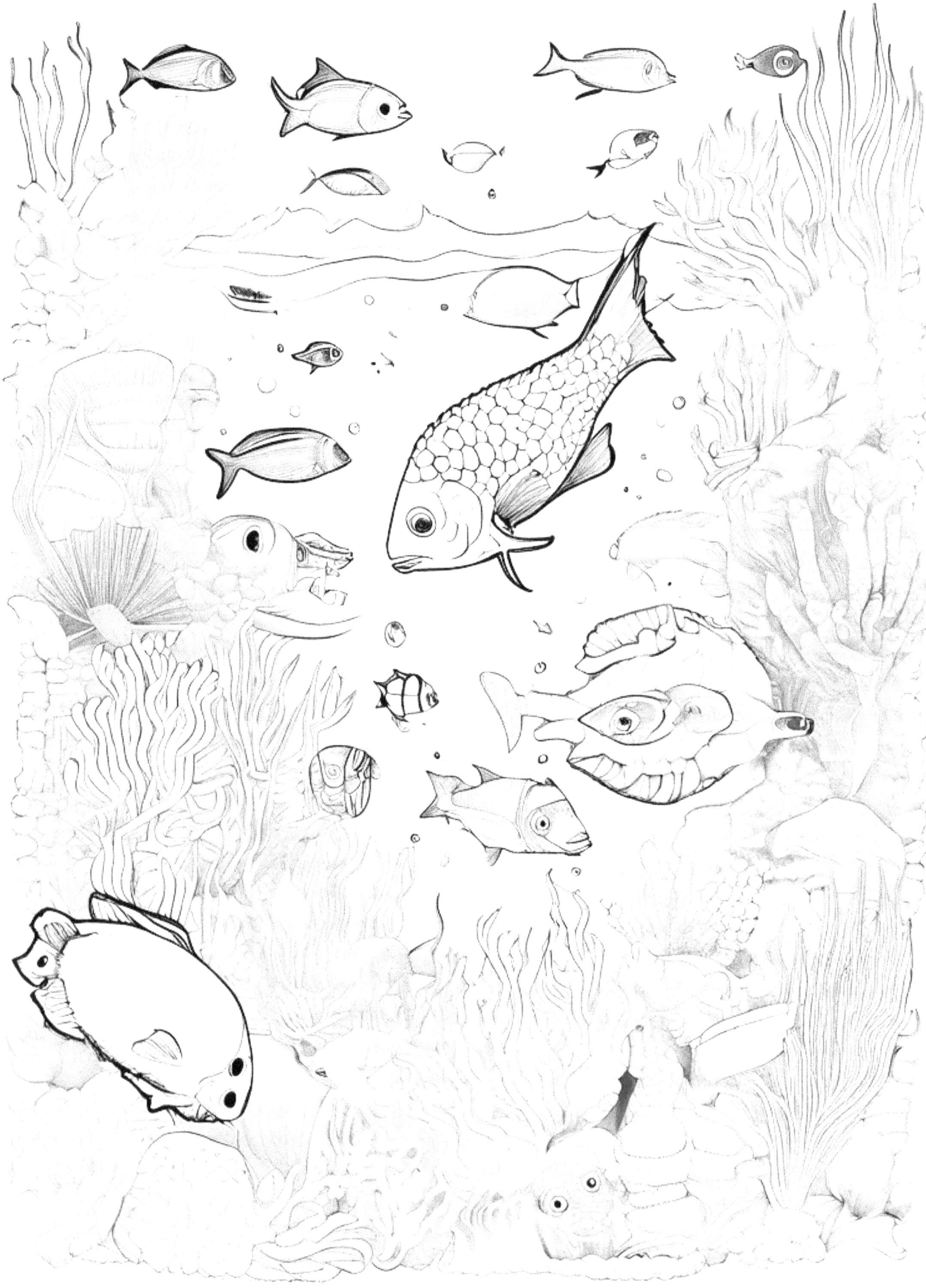

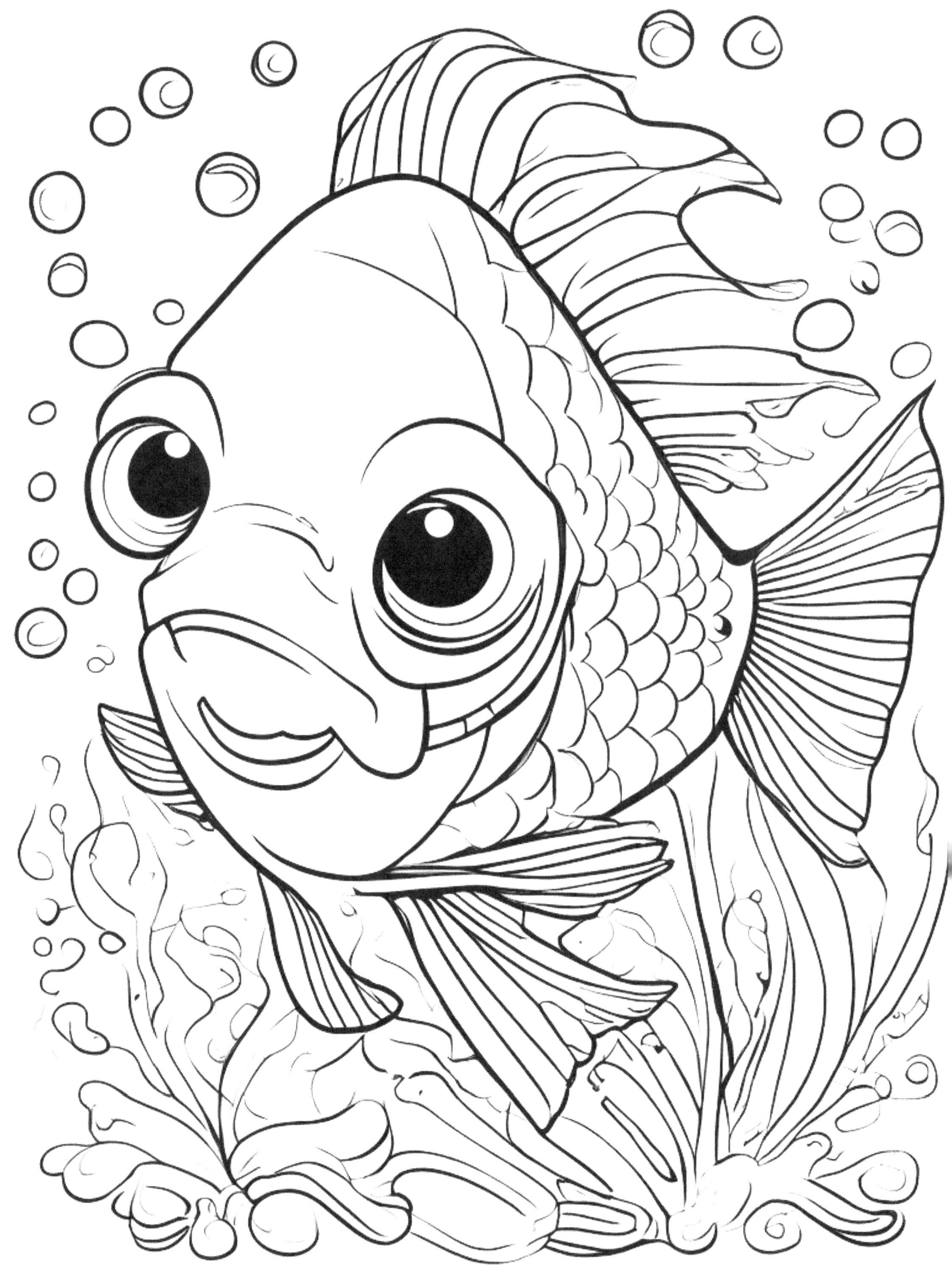

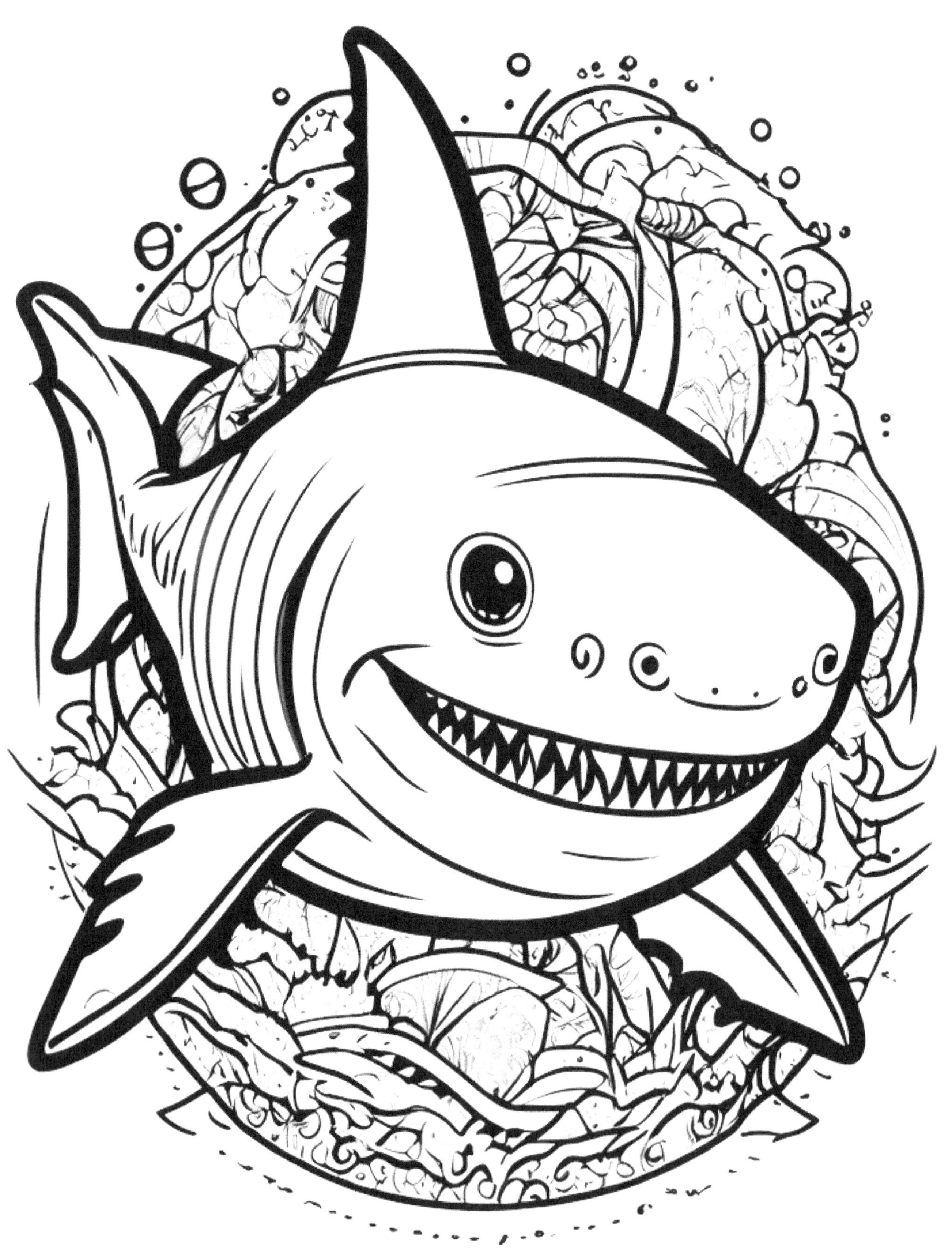

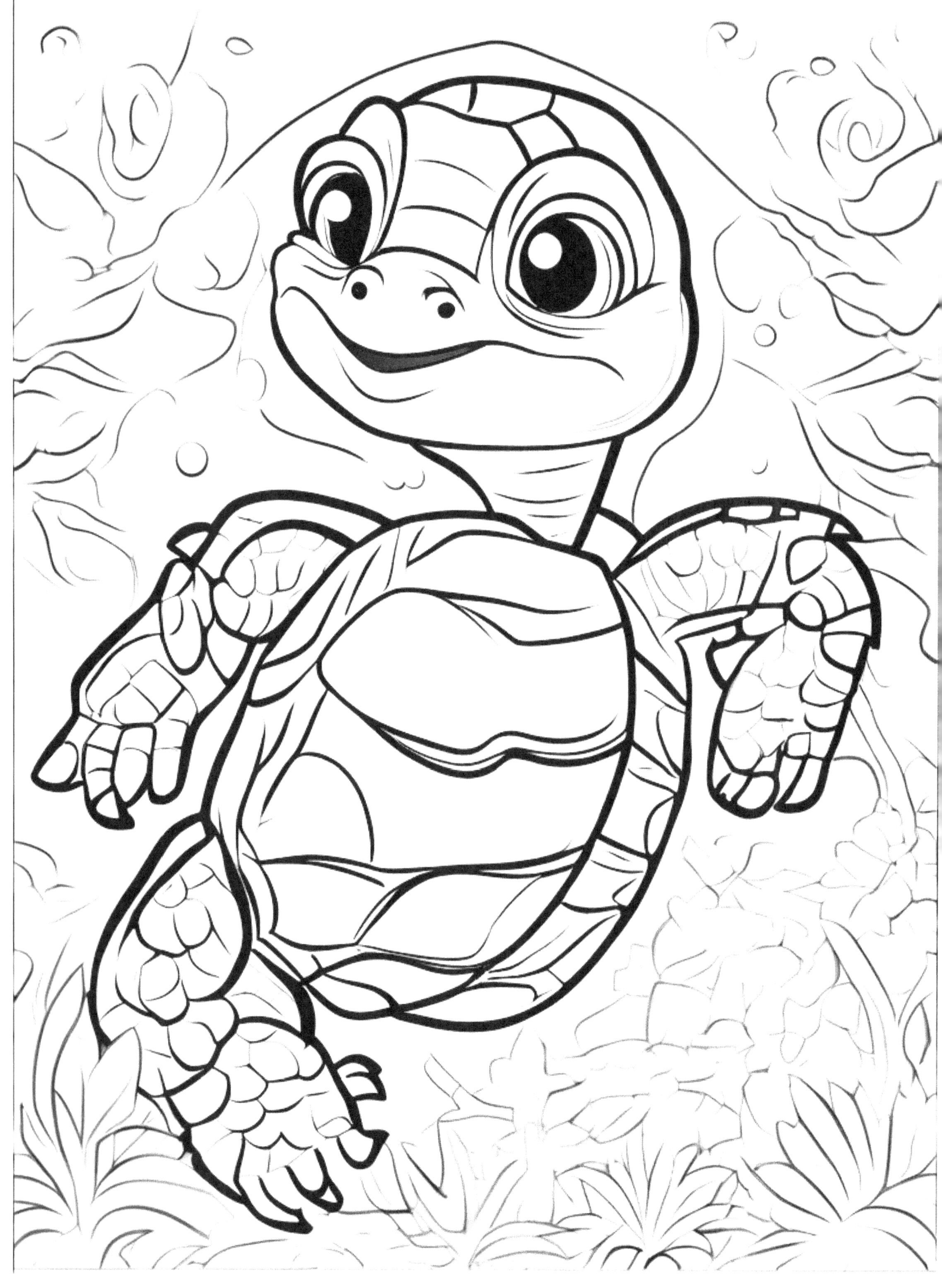

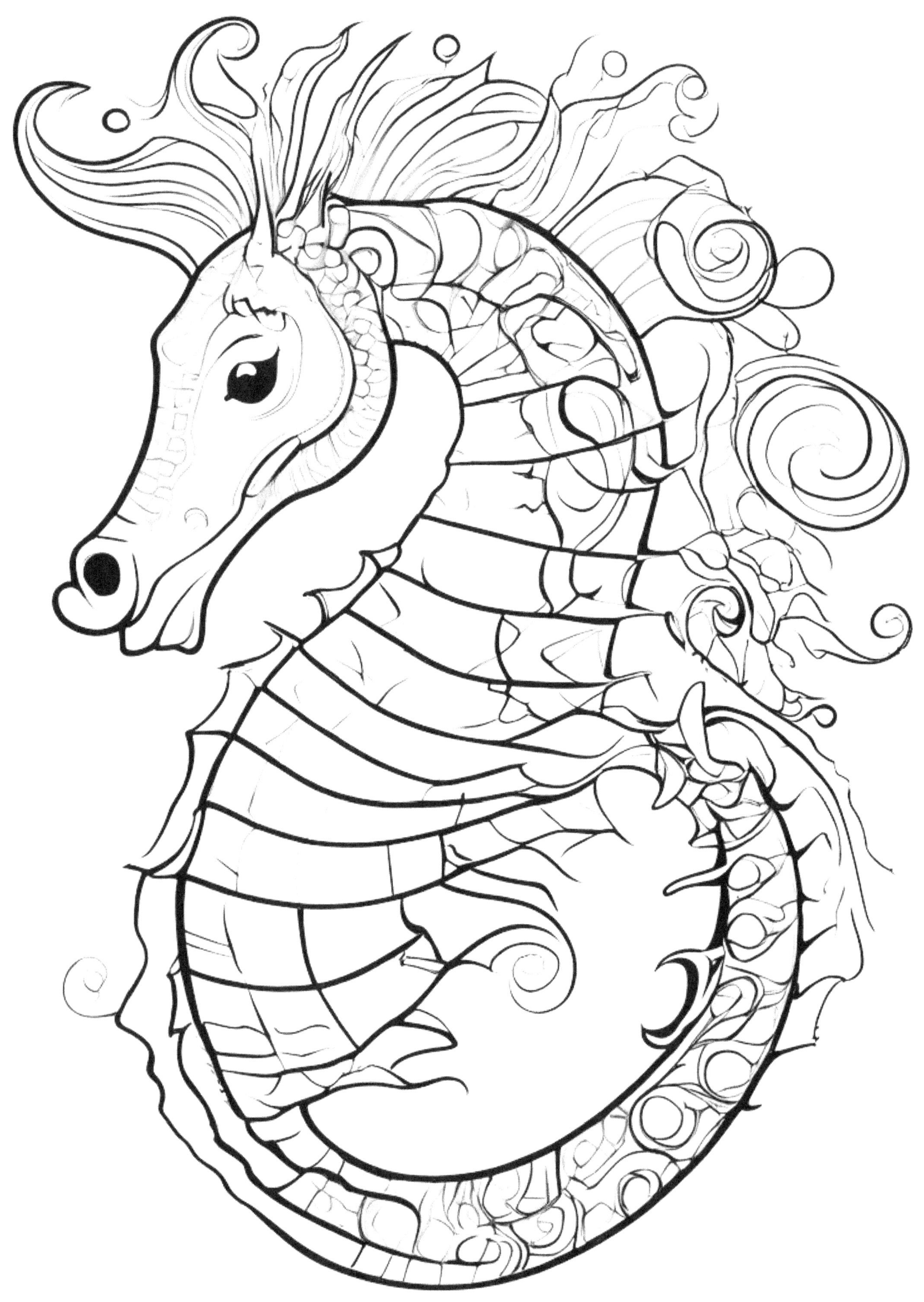

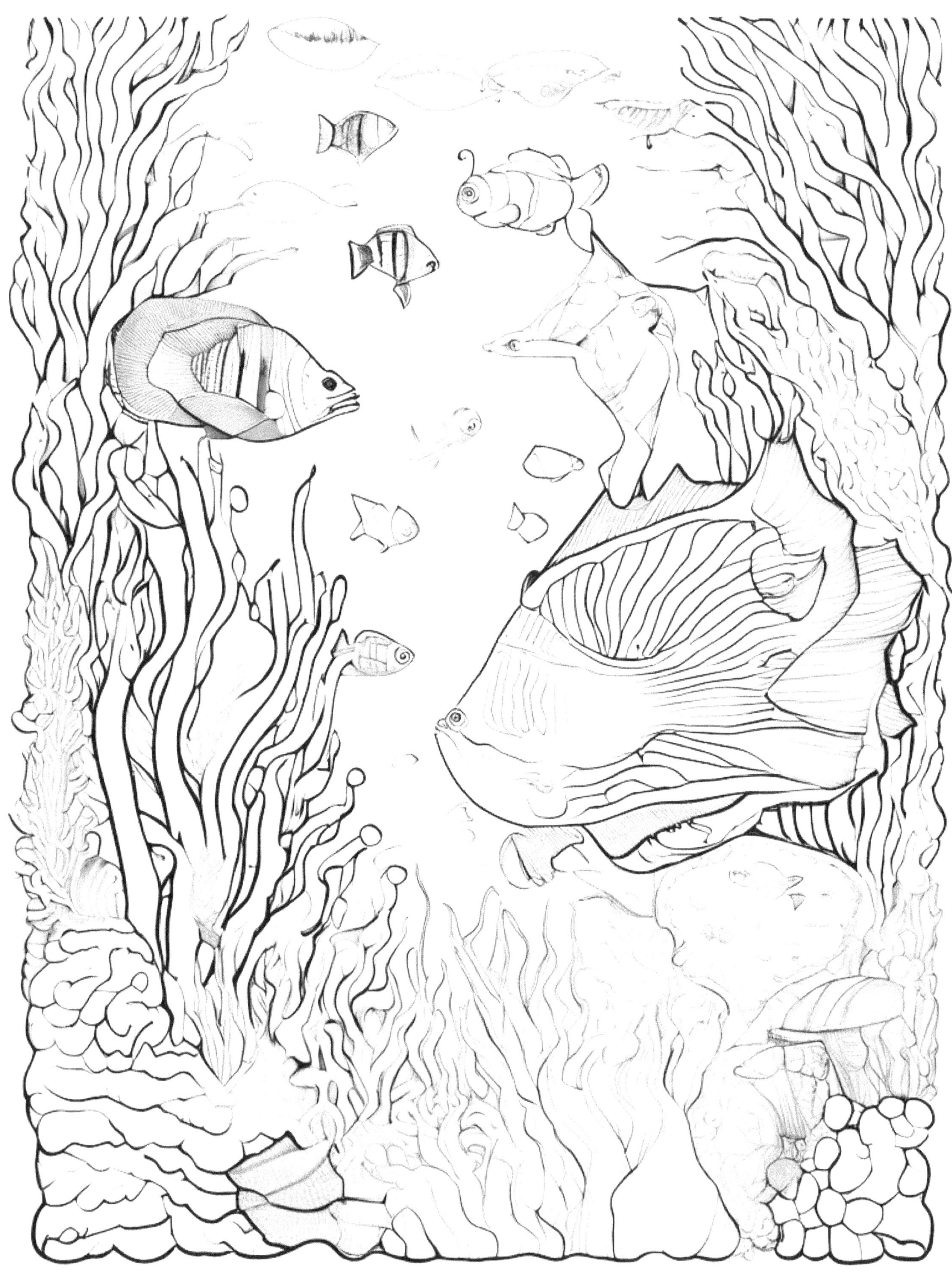

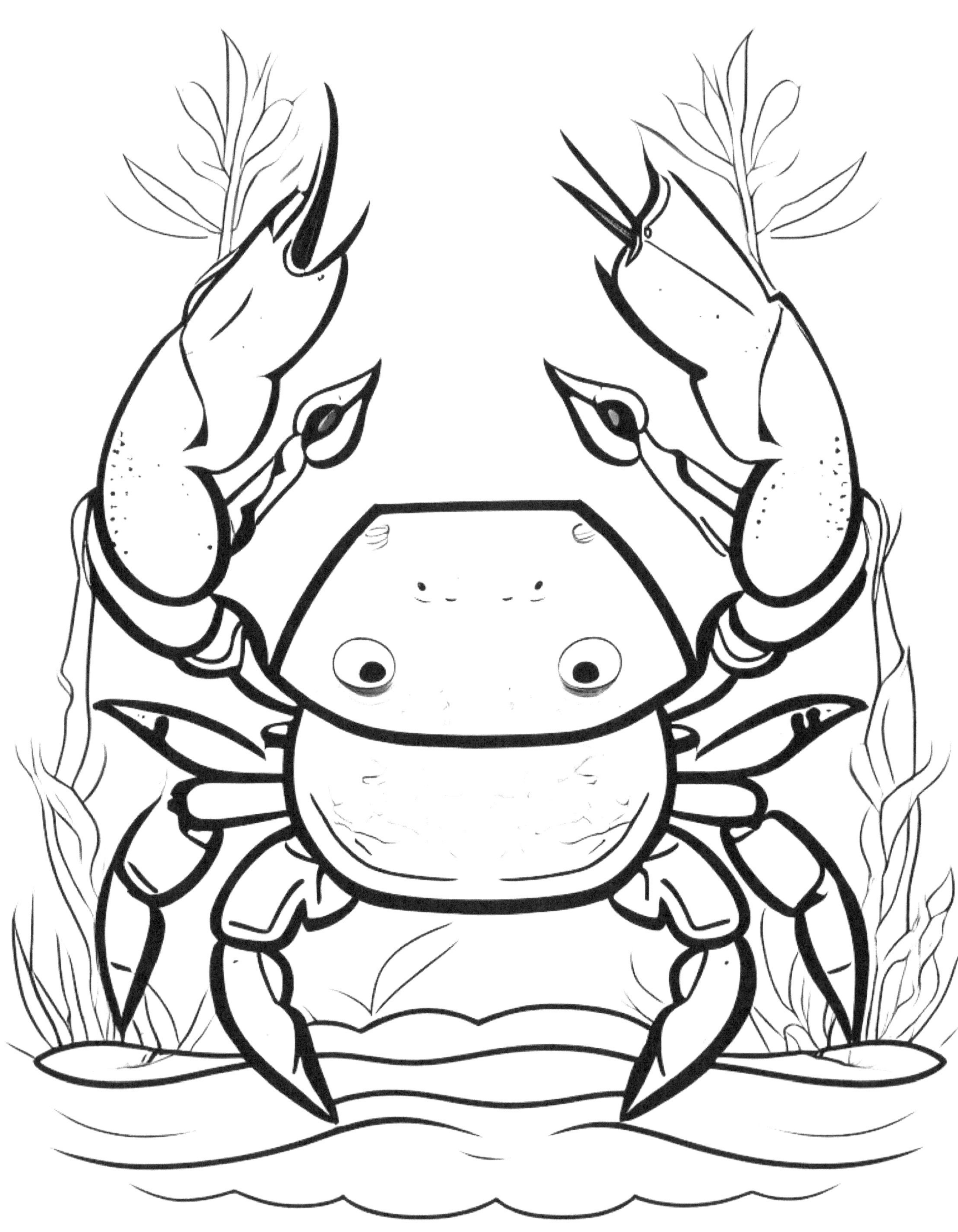

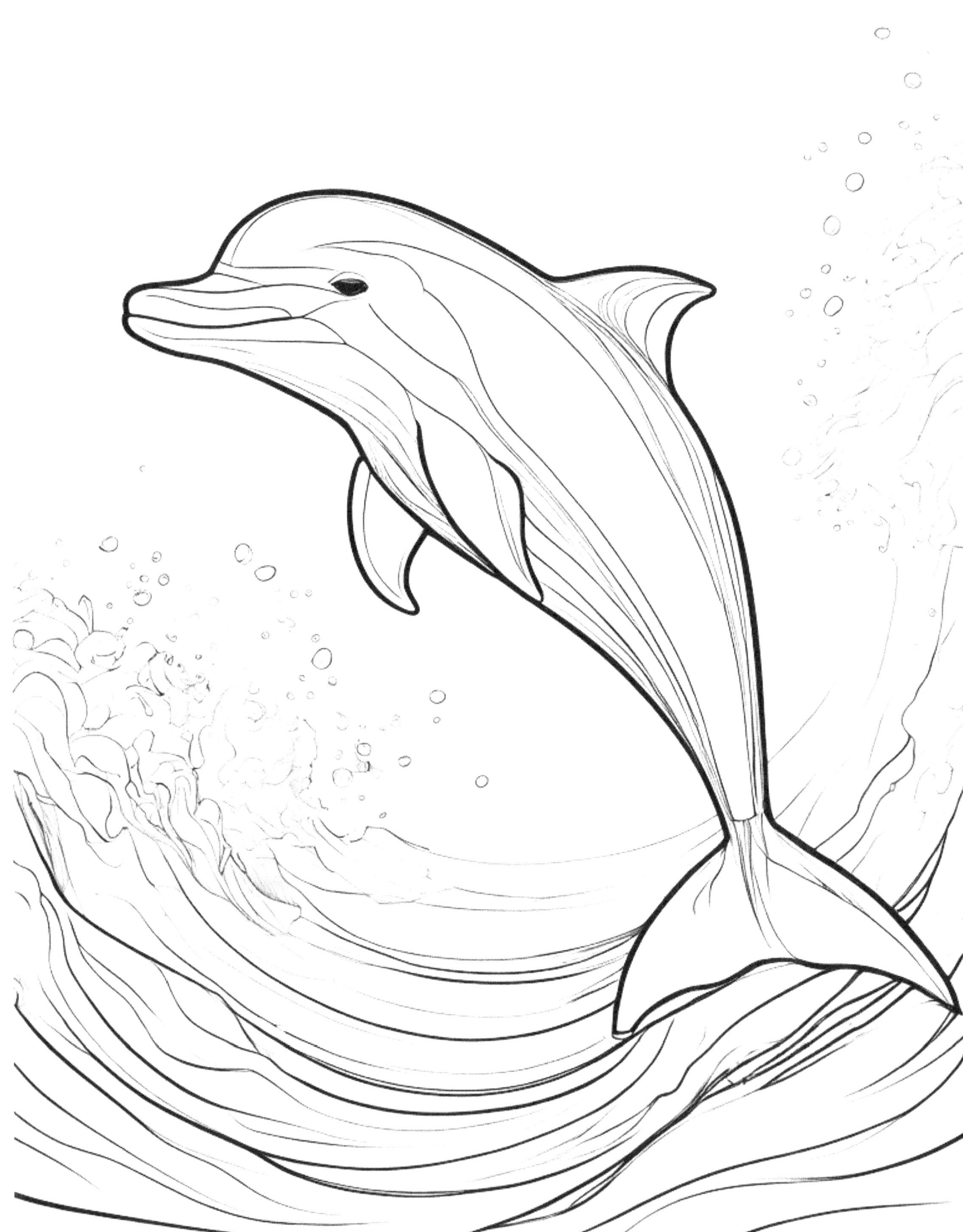

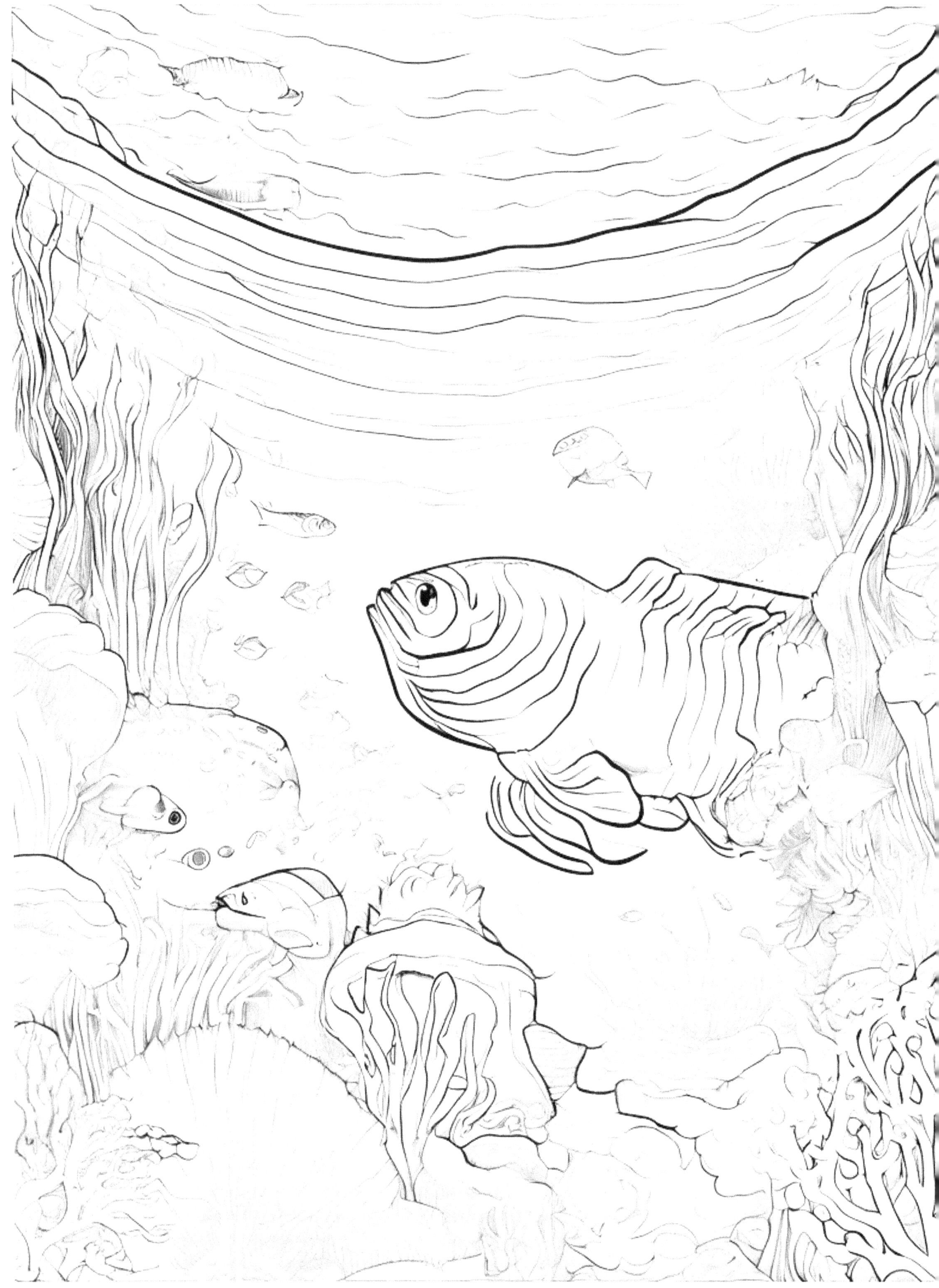

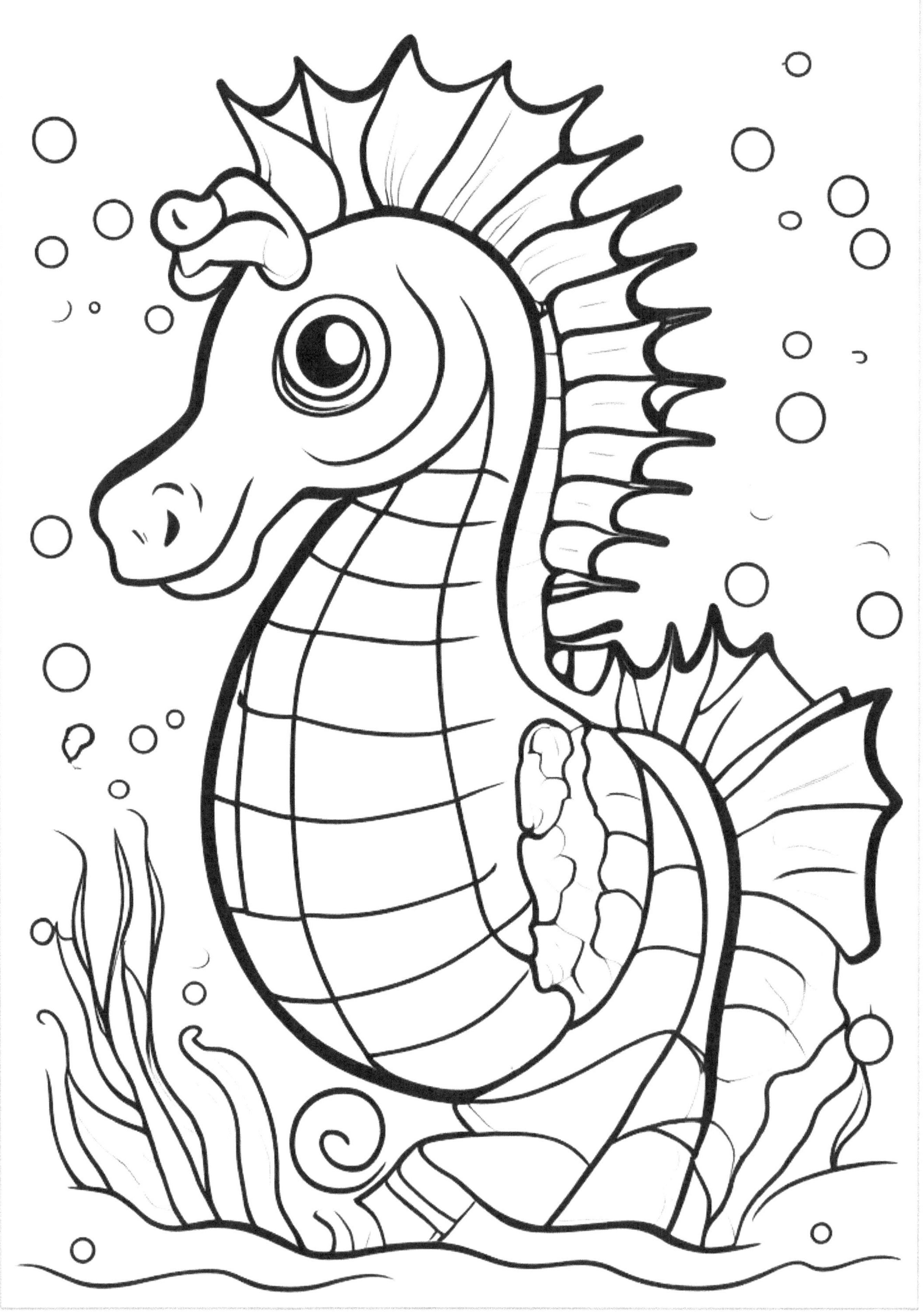

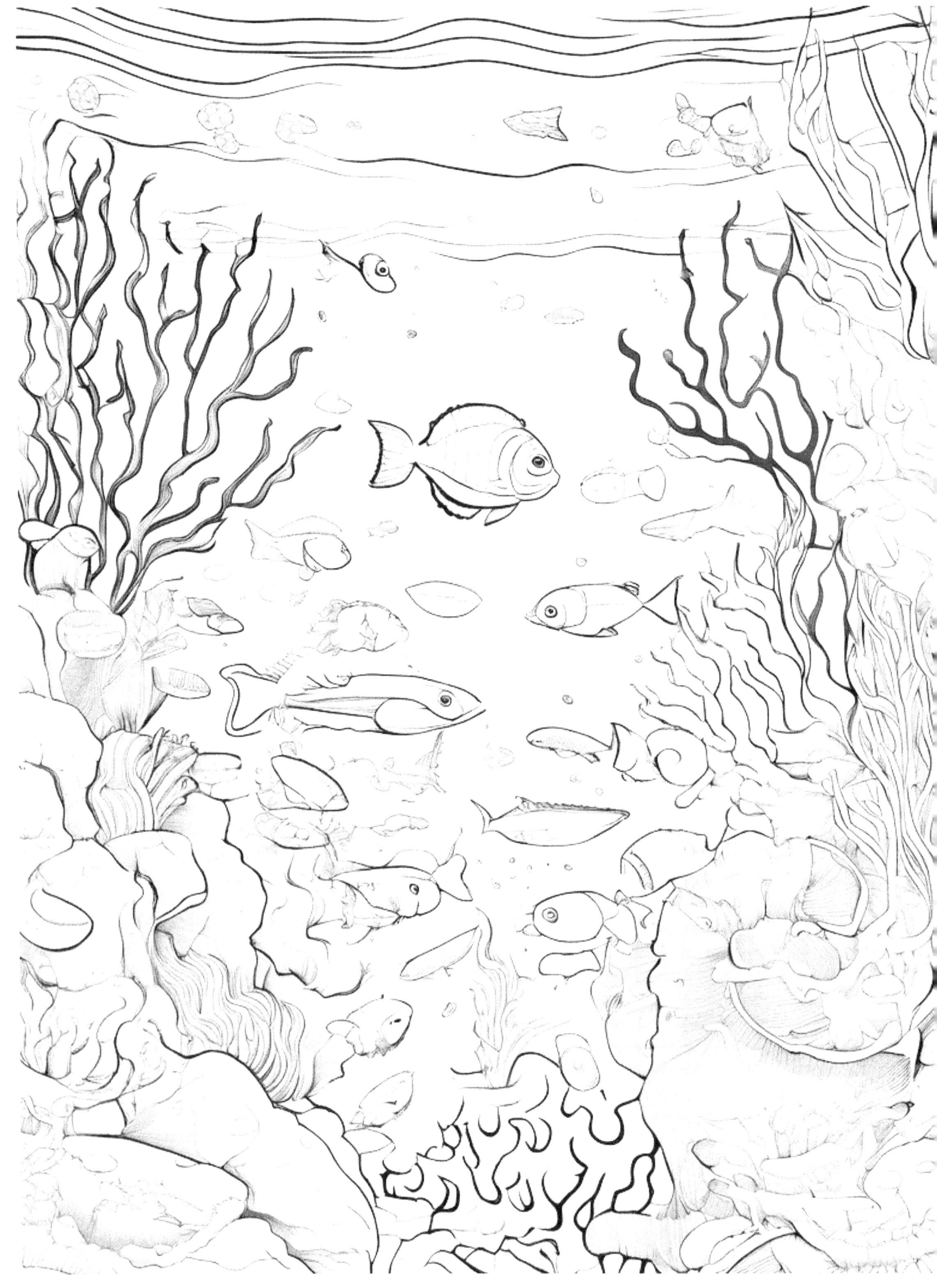

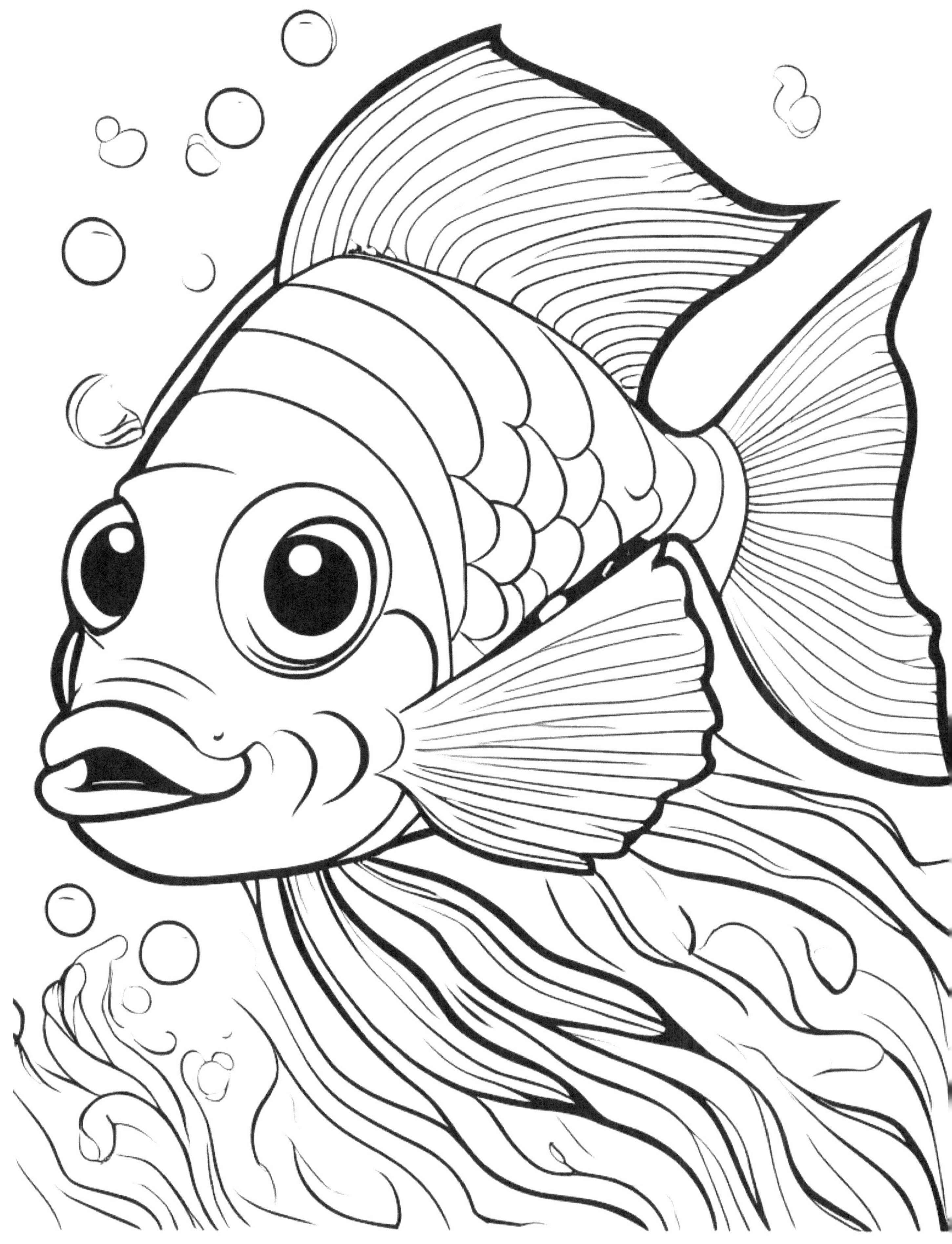

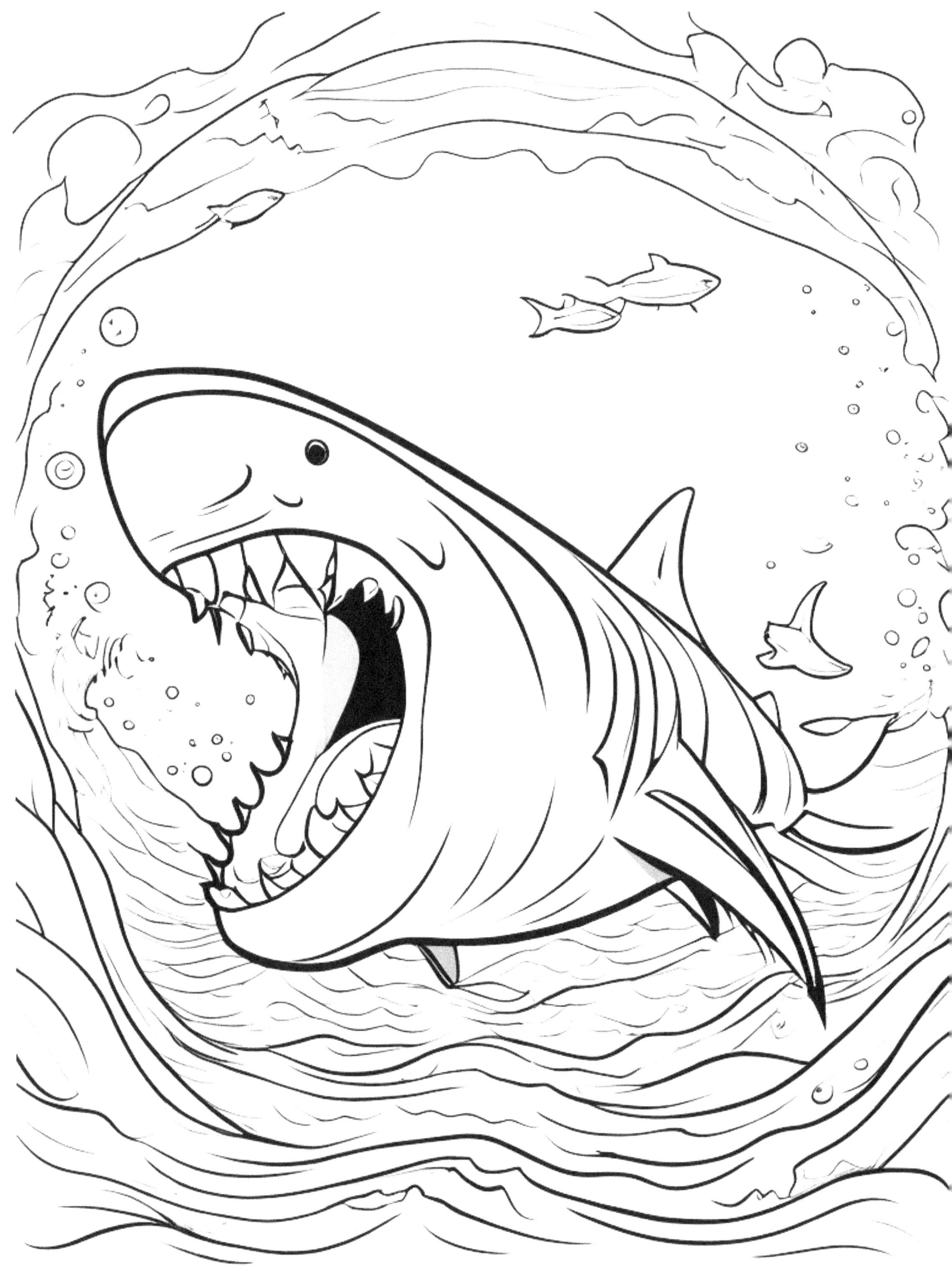

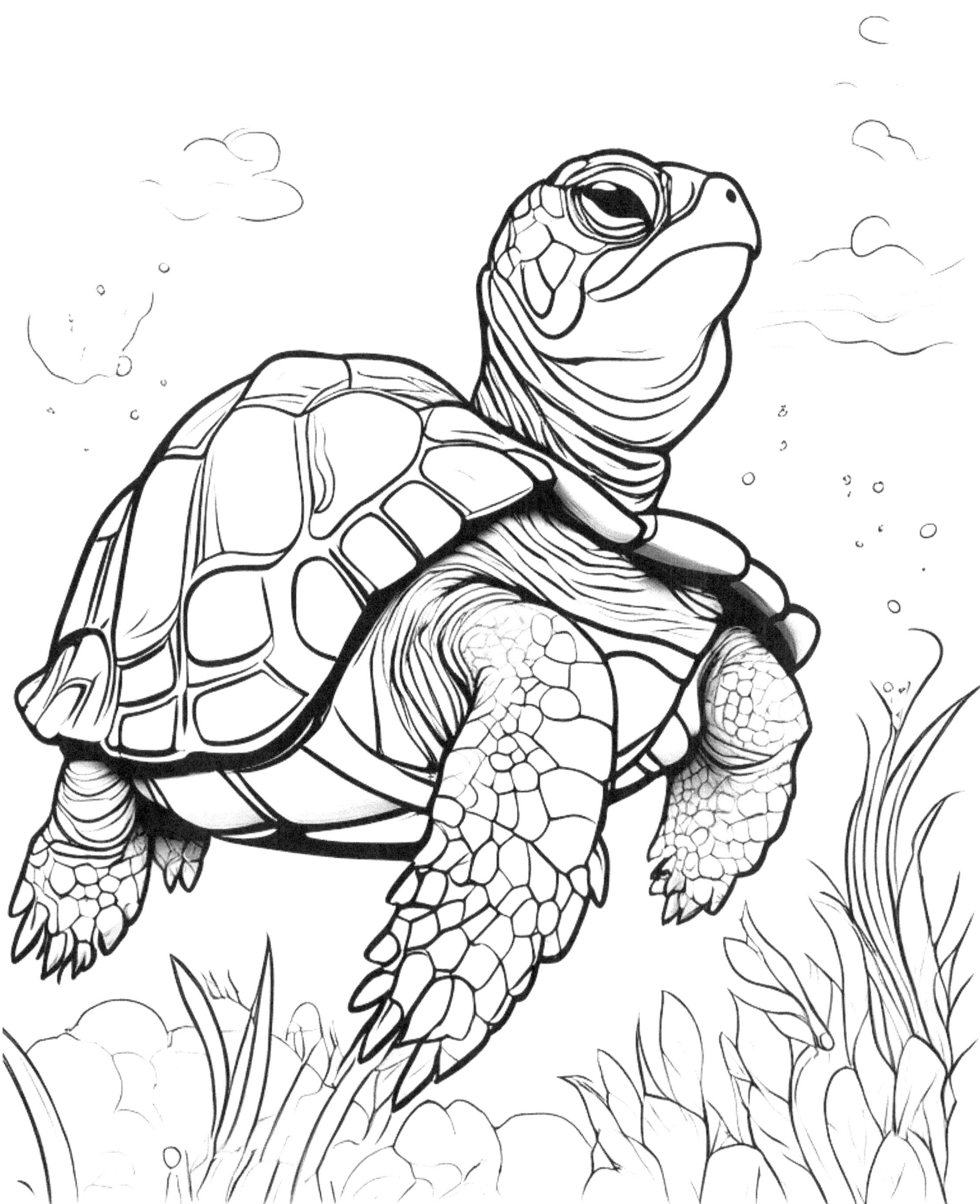

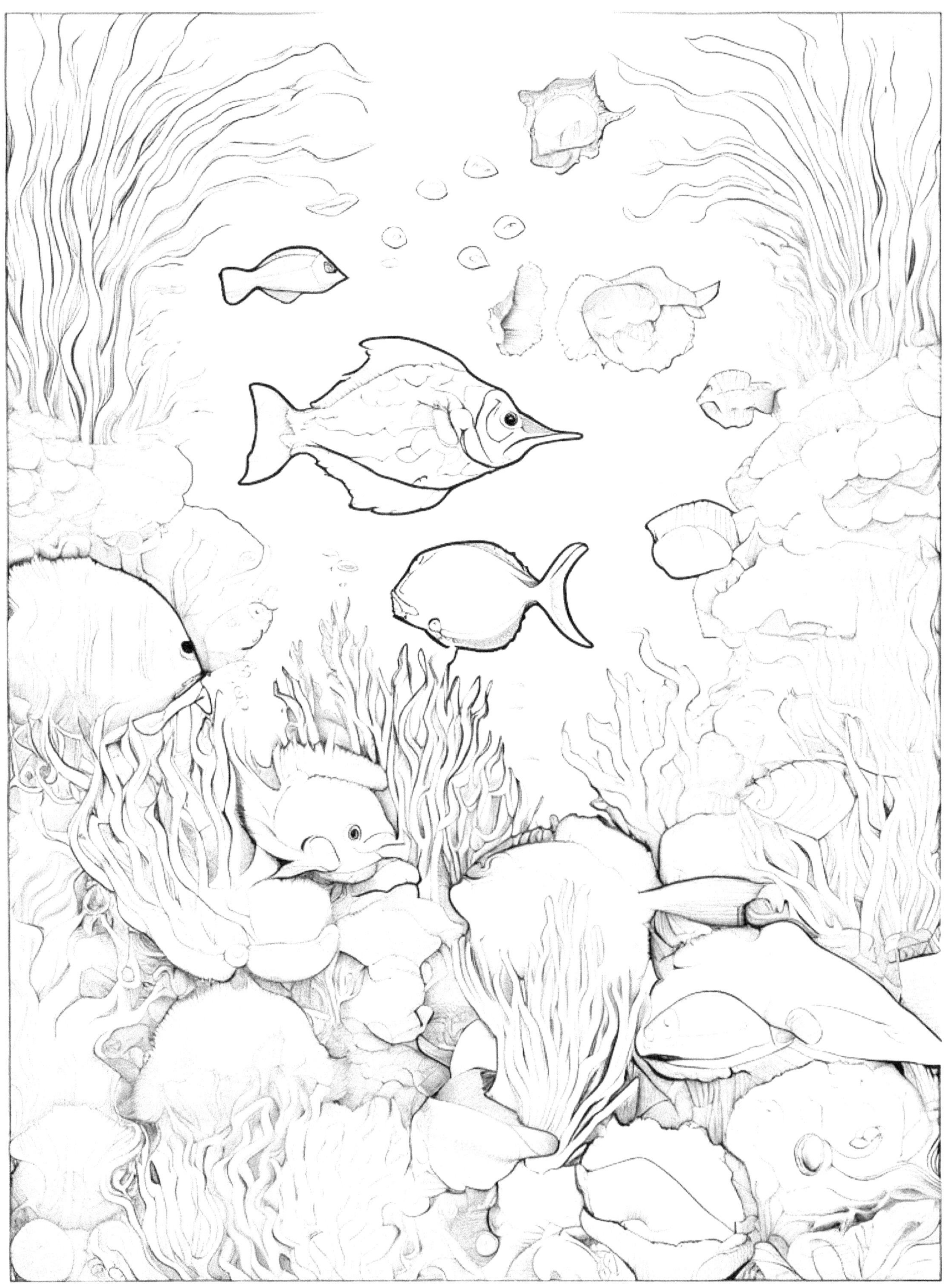

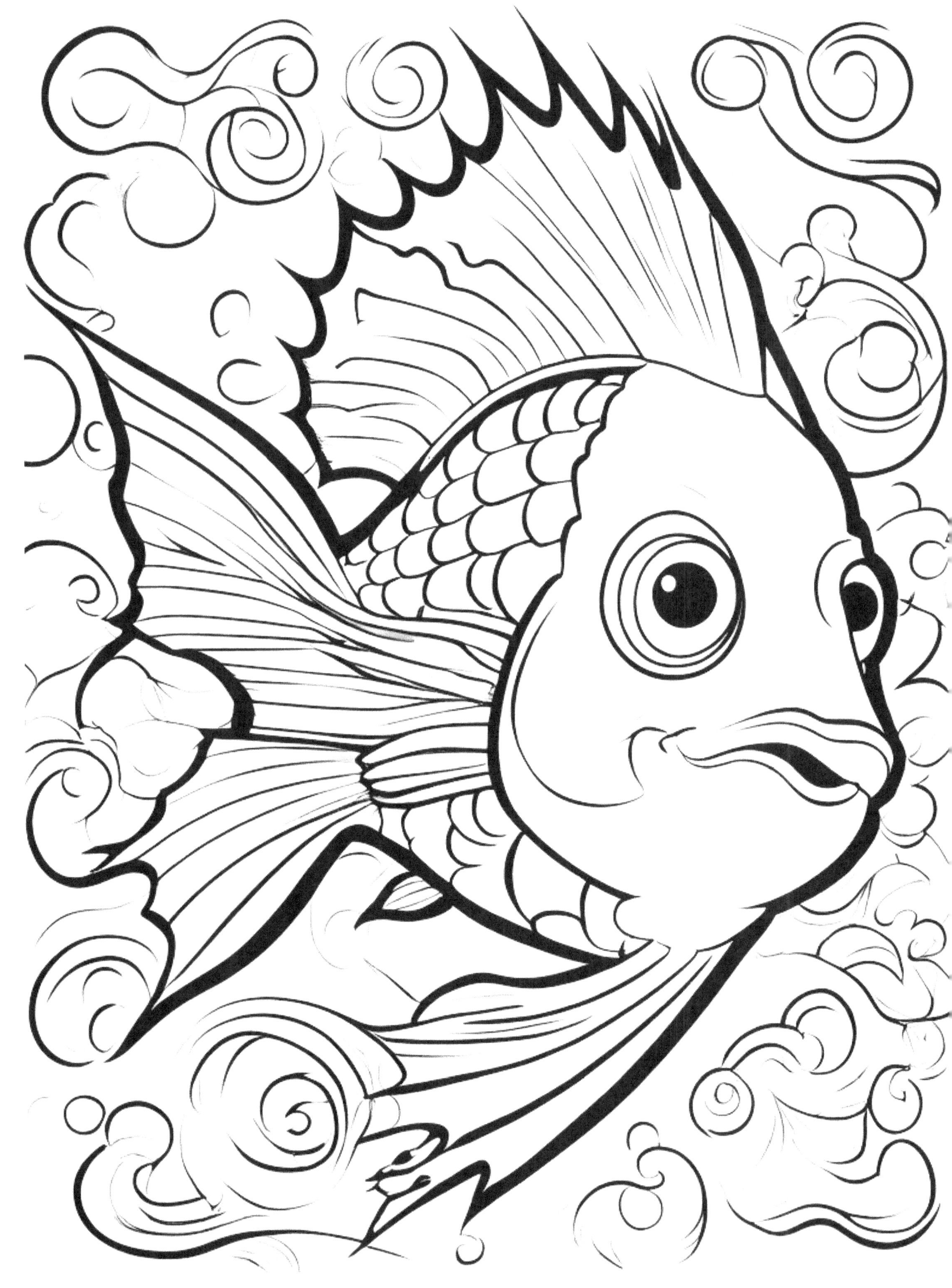

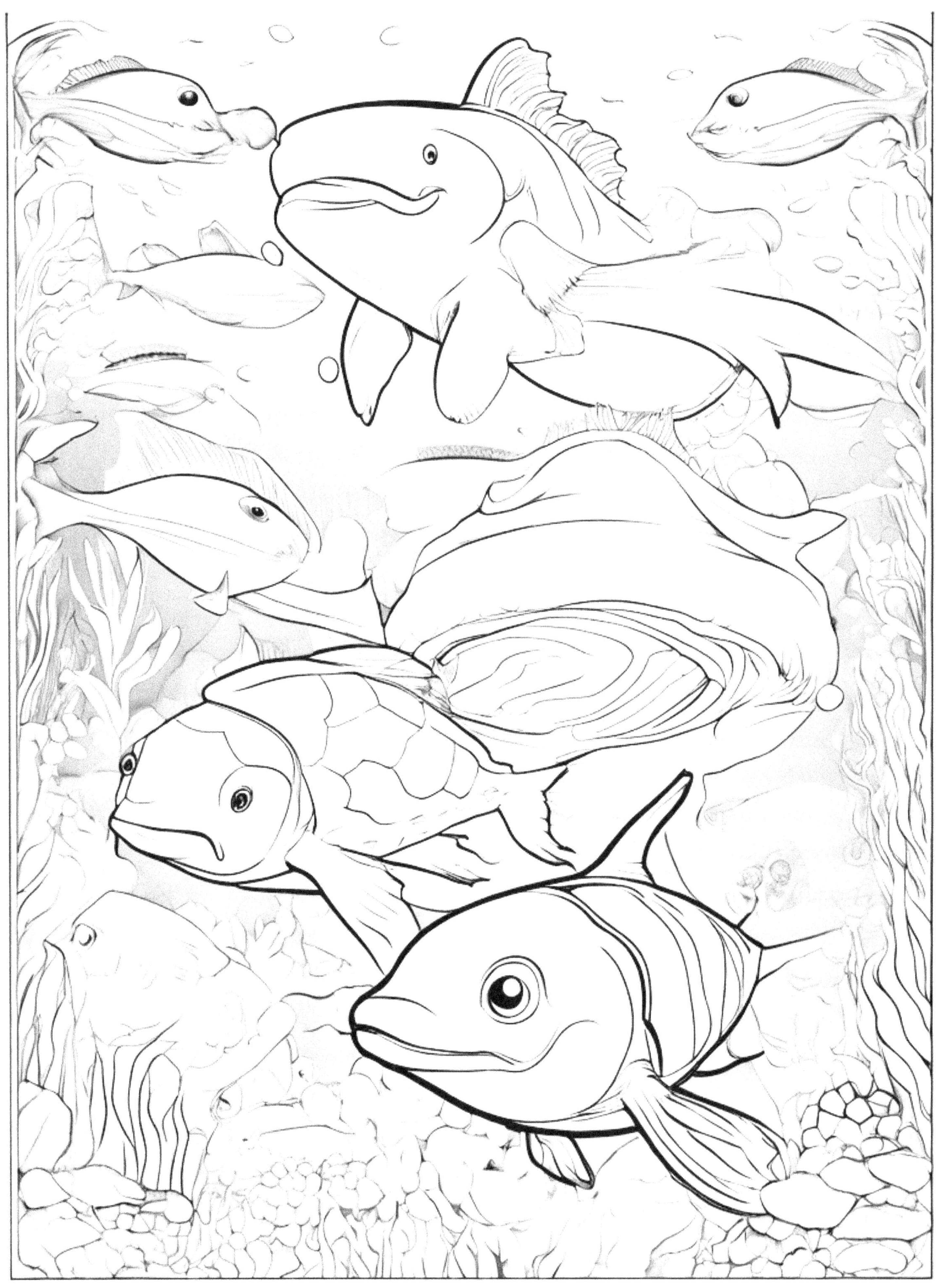

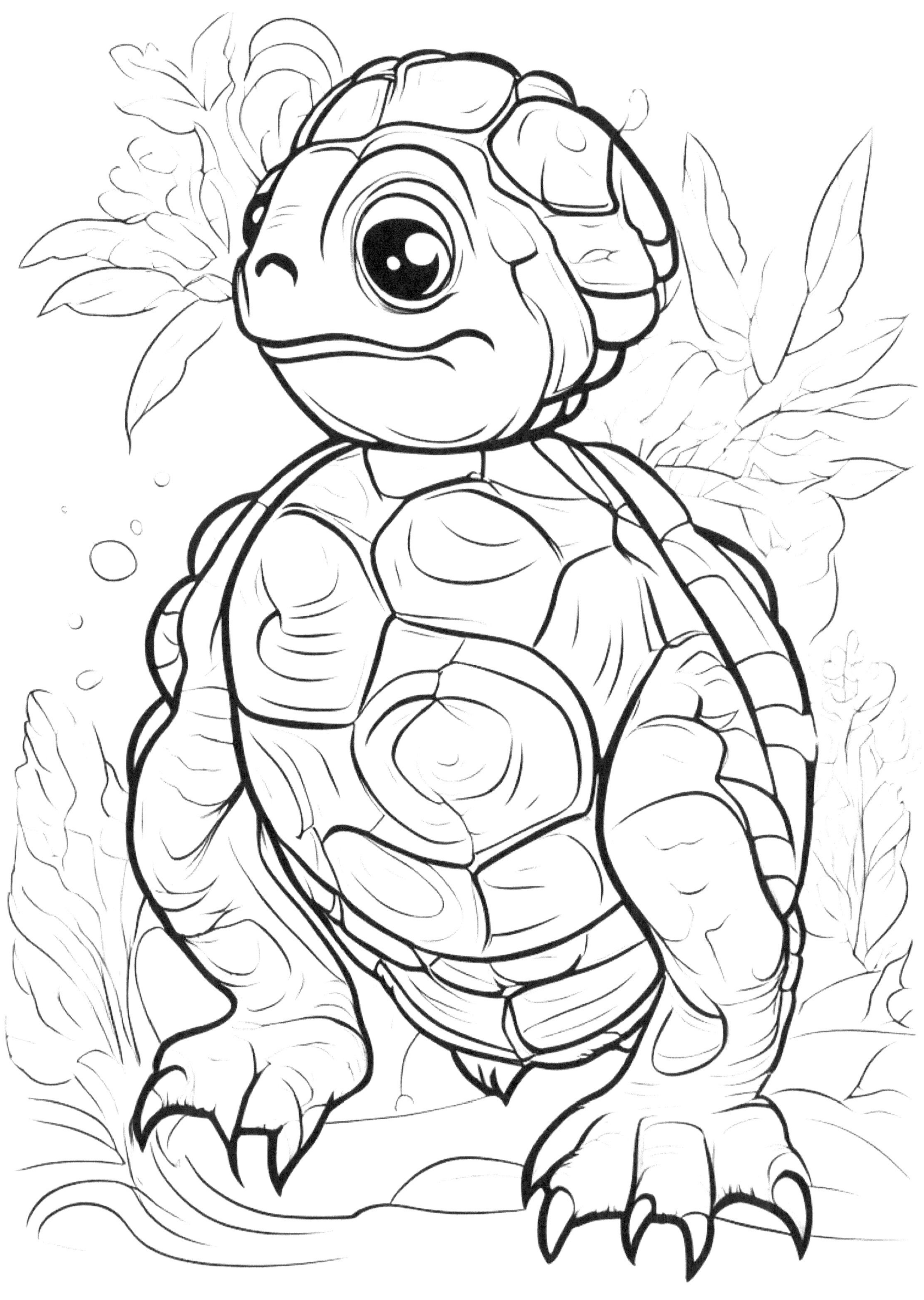

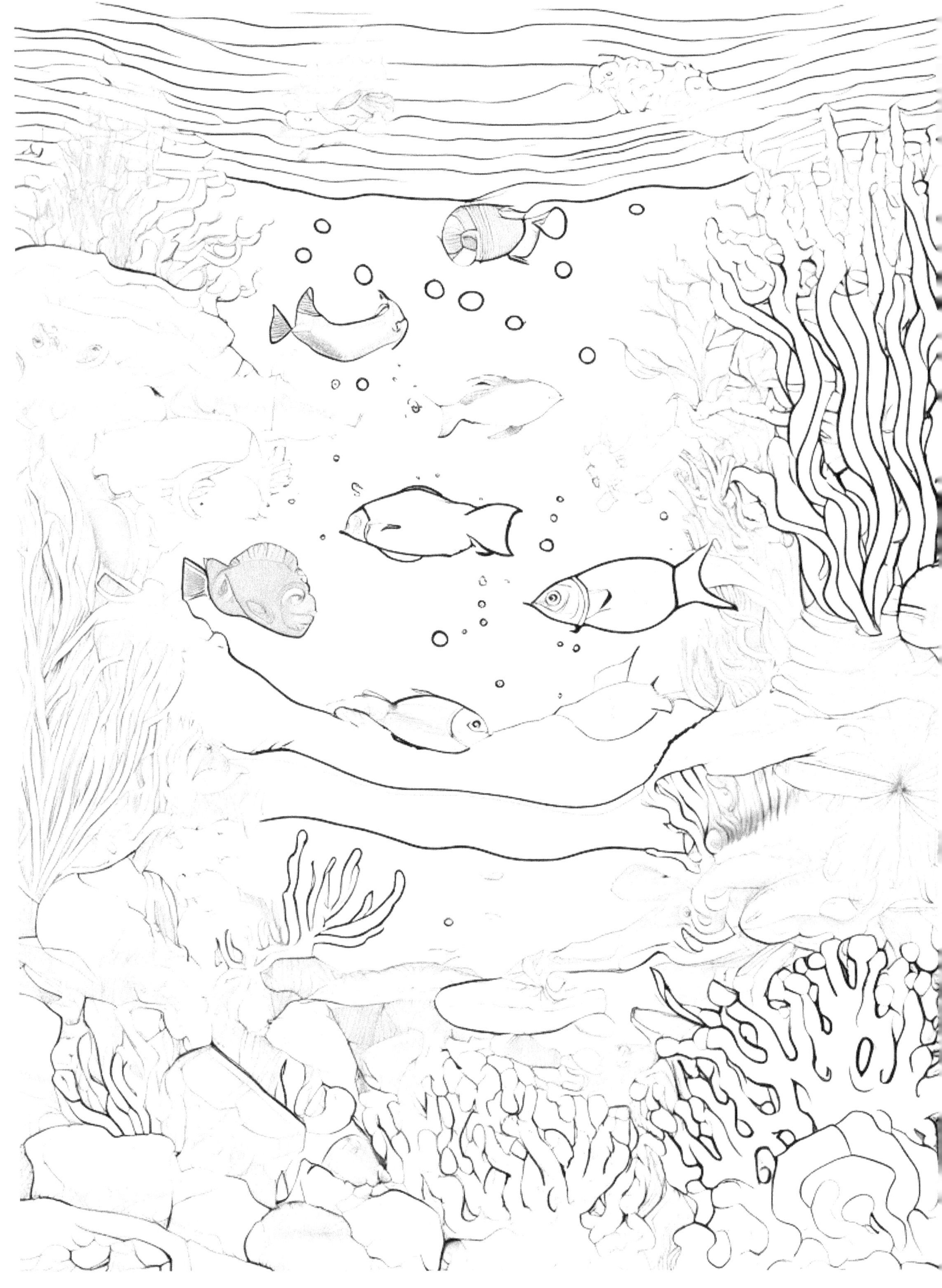

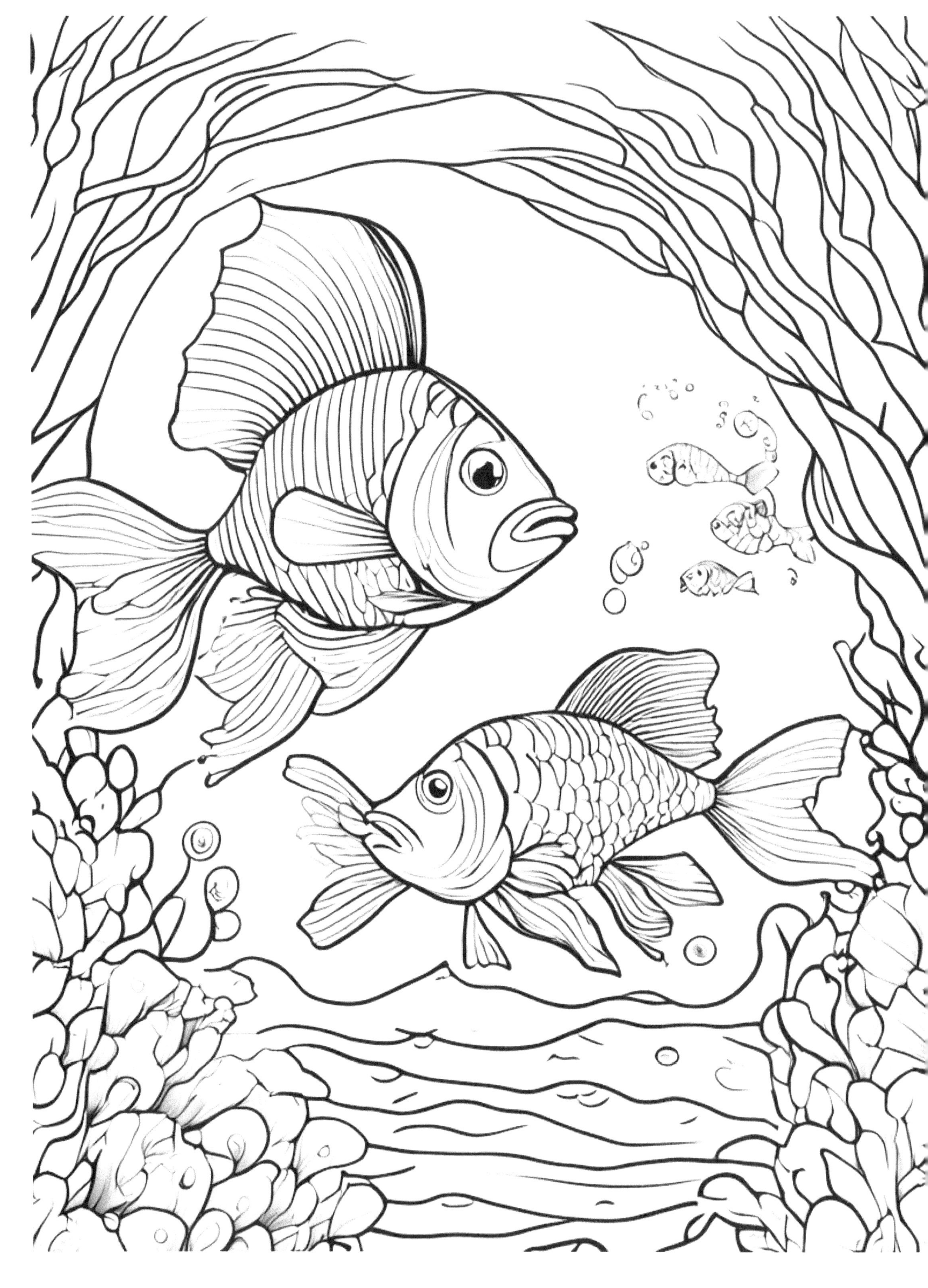

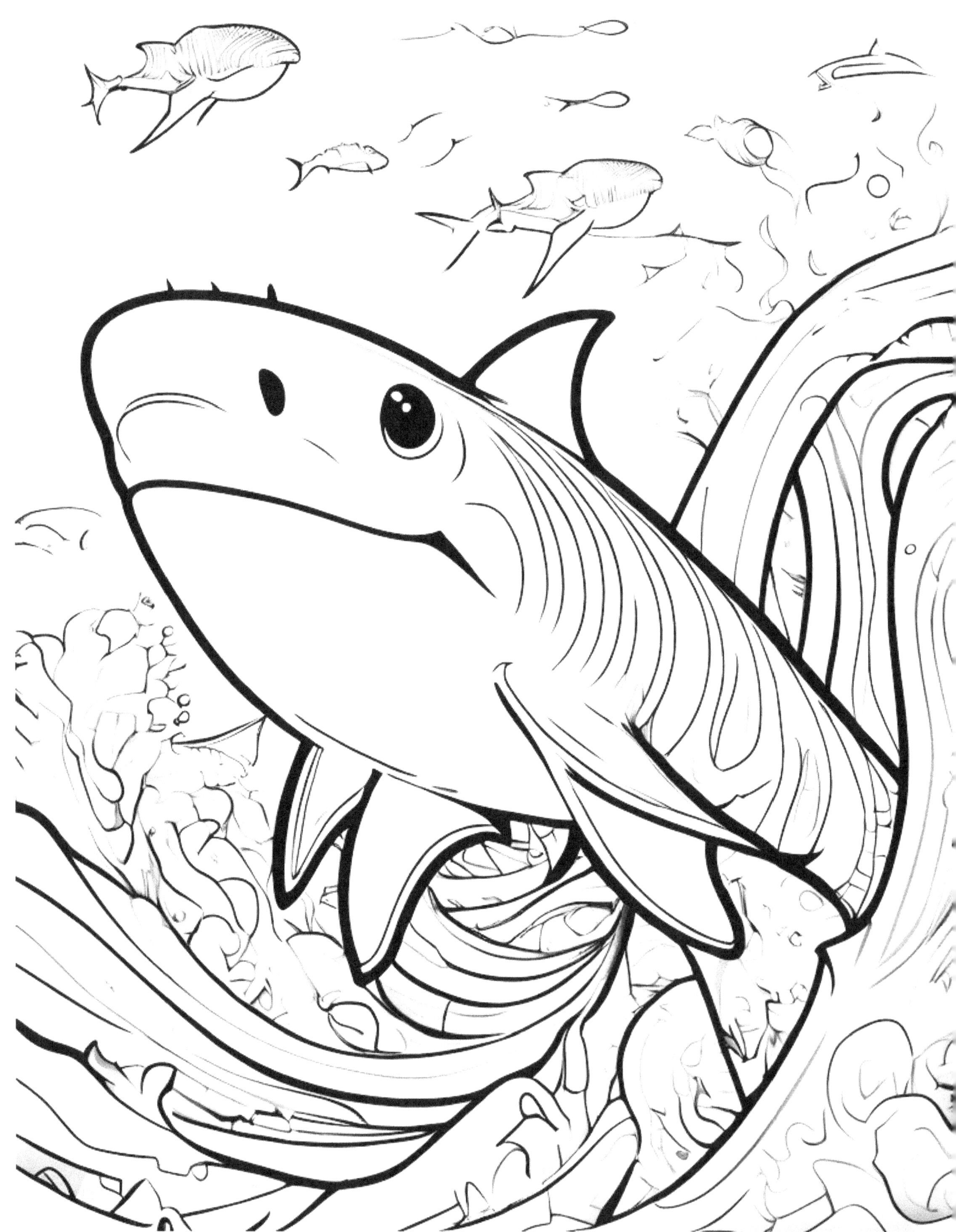

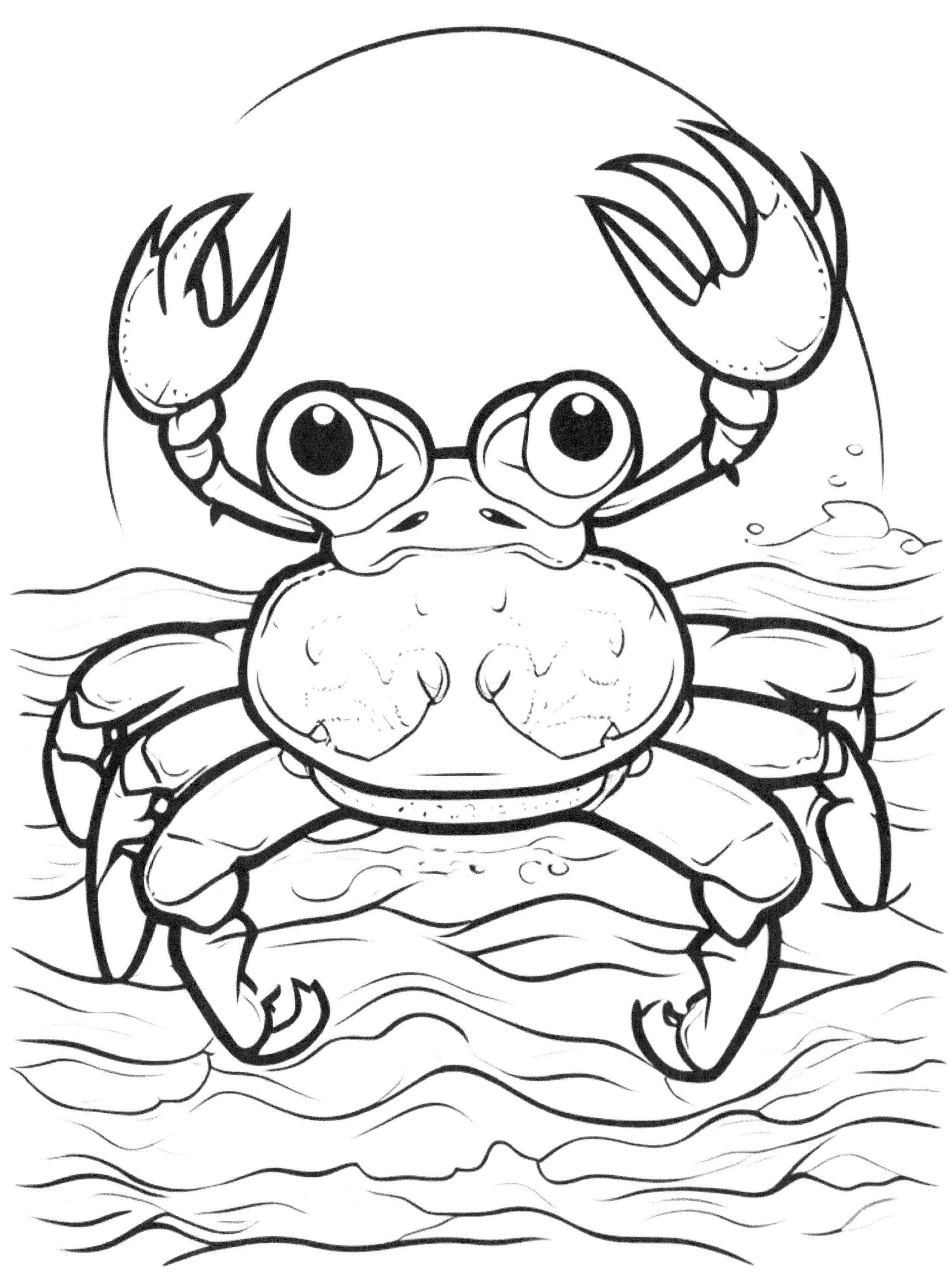

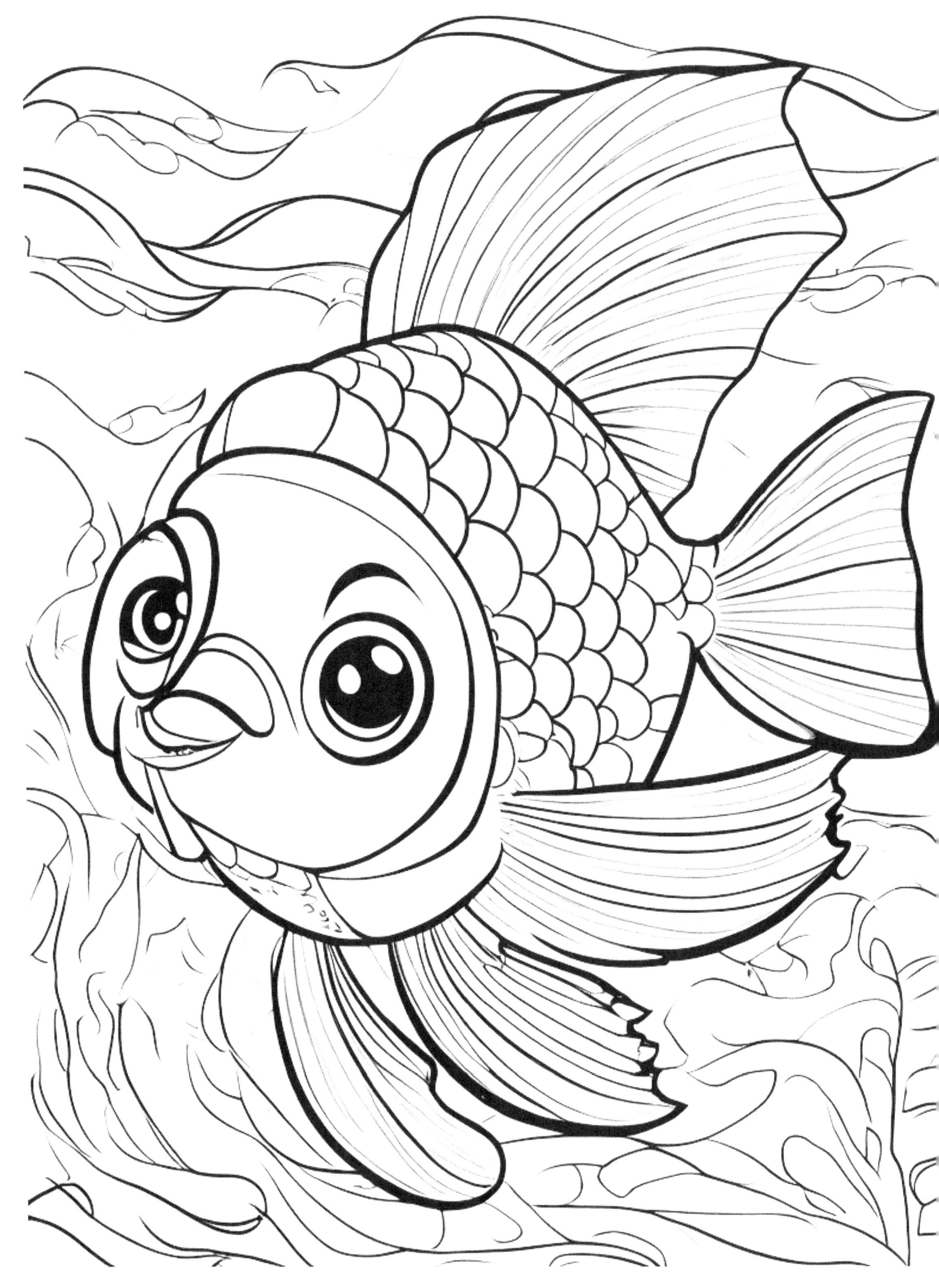

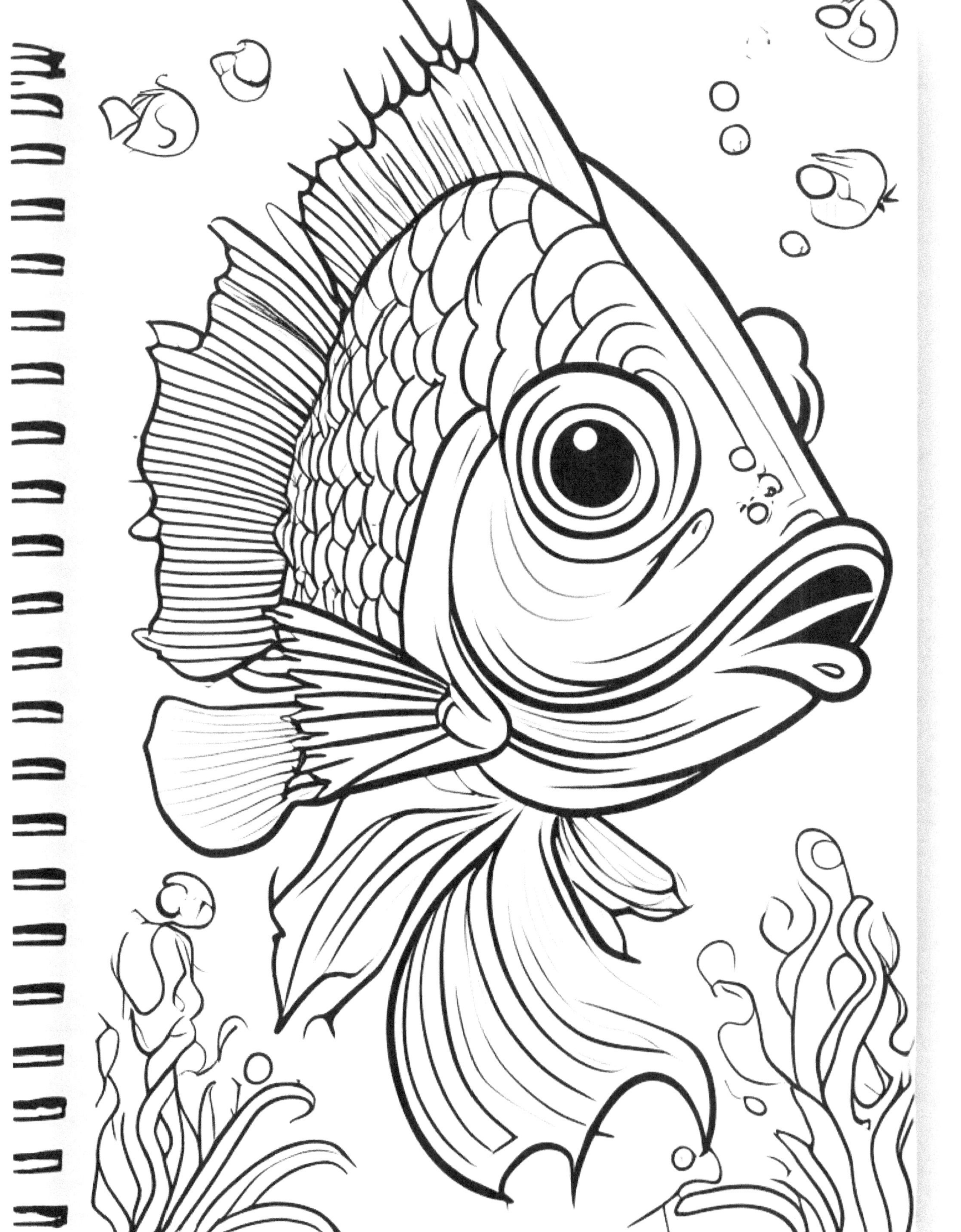

www.ingramcontent.com/pod-product-compliance
Lightning Source LLC
Chambersburg PA
CBHW080231260726
48658CB00008B/3065